JN128626

会社をつぶさず成長をつづける

THE FASHION OF THE PRESIDENT

社長の流儀

元・東レ経営研究所社長 佐々木常夫著

ワニブックス

はじめに

夜の繁華街の雑踏で「社長！」と呼びかけると、少なからぬ人が振りむく。これがまんざらジョークに聞こえないくらい、日本には社長の肩書のつく人が多いといわれます。では、そもそもわが国には社長と呼ばれる人がどれほどいるのか。ちょっと細かくなりますが、正確な数字を追ってみましょう。

総務省統計局によると、全国にある企業数は約四百十万社（平成二十四年度）。そのうちの約四割に相当する百七十万社が法人企業です（残りの二百四十万社は個人事業主。社長兼社員といった「ひとり会社」もずいぶん多いわけです）。

一般に「会社」といえば、この法人のことを指しますから、「日本には会社がいくつあるのか？」と聞かれれば、答えは百七十万社ということになります。また、この法人企業数とおなじ数だけ社長も存在すると考えれば、日本に社長と呼ばれる人はやはり百七十万人いることになります。

これがどの程度の数かというと、日本の生産年齢人口（十五〜六十四歳）は七千八百九十万人ですから、その約二％、つまり五十人にひとりが該当します。

ちなみに、さきの個人事業主も社長にカウントすれば総数四百十万人で、その場合は約五％、二十人にひとりが社長ということになります。
これが人ごみで石を投げたら社長に当たる――という笑い話の信ぴょう性の数字的根拠といえます。

いっぽう、国税庁による「平成二十四年度法人企業の実態」によれば、赤字企業は調査全体の七十・三％にのぼっています。企業活動を通じて利益を上げている黒字の会社はほぼ三割にすぎないわけです。

世の中に社長はたくさんいますが、その社長が汗水たらして働いて、企業経営で利益を出すことがどれほどむずかしいことか。よくわかる数字です。

さらに倒産企業数を見てみると、直近のデータによれば、倒産の届けを出している企業だけでも年間一万二千件。これ以外にも、休眠会社や無届けながら実質的に倒産状態にある会社がその二～三倍はあるといわれます。

じつに多くの会社が経営を維持できずにつぶれたり、存続しているのは名前だけといった、きびしい状況にあるわけです。

本書のサブタイトルには「会社をつぶさず成長をつづける」とありますが、現実には成長どころか、会社経営においては、「赤字を出さない」「会社をつぶさない」だけでも至難のわざであるというのが、いつわらざる実態なのです。

ですから、大企業ならともかく、中小企業の社長さんの多くは、少しでも利益を上げ、会社を存続させていくことに日々頭を悩ませ、その苦労や困難を骨身にしみて実感しているはずです。

では、どうしたら、それが可能になるのか。もうかる会社、つぶれない会社の経営には何が必要で、どんな社長像が求められるのか。その原則やノウハウを私なりに考えてみたのが本書です。

私は四十年ほどのビジネスマン生活でさまざまな経験をしてきました。東レというひとつの会社のなかではありましたが、同じ部署に三年ととどまることなく、つぎつぎに異なる性格の仕事を担当してきたのです。

たとえば、東レの主力事業である繊維事業の企画管理業務をスタートに、プラスチック(樹脂・フィルム)事業では海外において二年半で一気に十二の新工場の建設を敢行するというグローバリゼーション業務。営業では旧態依然としたサプライチェーンの再編と改革。全社的なマーケティング統括の業務。つぶれかかったグループ会社再建の業務。さらには東レの三代にわたる社長のスタッフとして経営全般の業務なども経験してきました。

私自身が社長の肩書で仕事をしたのは、キャリア最後の数年間、関連会社のトップを務めたときだけですから、その点では、私に会社経営を語る資格は不足しているのかもしれません。しかし、私にはビジネスマン生活の早い時期から、絶えず経営者の視点をもって仕事をしてきたという自負があります。

「企業経営とは何か」「経営者の仕事や役割とは何か」「自分が社長だったらどうするか」「組織のトップの心得やふるまいはどうあるべきか」。そんな経営者の目線、考え方、感覚をもちながら、いつも自分が社長になったつもりで、多様な業務にたずさわってきたのです。

その経験は、私のなかに自分なりの経営哲学や手法、経営者のあり方や心がまえなどについての知識やノウハウを蓄積してくれました。

くわしくは本文にゆずりますが、ここでその一例だけあげておけば、私はとくにつぎの三つの点を経営者に欠かせない基本原則として重要視しています。

ひとつは、経営者たるもの、いま現場でなにが起こっているのか、お客様は何を求めているのかという「現実」を把握しなければ正しい経営ができないということです。現実把握がすべての経営のはじまりなのです。

二つ目は、経営にはこうあるべきだという教科書《セオリー》はなく、その企業の置かれている環境やマーケット、会社のもつ人材や技術、競争相手の状況などによって、その戦略は大きく変わるということです。

三つ目は、社長一人では経営はできないという点。したがって、社員を育てて、彼らの力を結集するとともに社外の関係者も巻き込んでいく。そうした強いリーダーシップや人間的魅力が社長には求められるのです。

ちなみに、この三つの原則については、中国古典である「孫子」においても、その大切さが強調されています。孫子は2500年も前に書かれた兵法書ですが、現代の企業経営にもじゅうぶん活用できる不易の指南書であり、そこには経営に役立つ有益な箴言《しんげん》がいろいろ書かれています。

たとえば、孫子のなかでもっとも有名な「彼を知り、己を知れば百戦殆《あや》うからず」ということばは、いくさにおいて敵と味方のことを熟知していれば負ける心配はないという意味です。これはつまり、最初の原則である、正しい経営には自分たちの置かれている現実の把握が何よりも大事だという点に呼応しています。

おなじく、「凡《およ》そ戦いは正を以って合し、奇を以って勝つ」という一節は、状況に応じて打つ手は変わり、王道（正攻法）と詭道（奇策）がともに必要だという意味。これは二番目の、経営にはこうあるべきだというセオリーなどないという原則を示していると考えられます。

さらに、「善く戦う者は人を致して人に致されず」、すなわち戦い上手な者は自分が主導権を握り、相手のペースに巻きこまれない。これは三番目の原則の組織を率い、人を使い、育てるリーダーシップの大切さにつながっていくと思われます。

この三つの基本原則を実現できれば、だれもが「もうかる会社」の社長になれるはずであり、このほかにも、本書には会社をつぶさず、成長させていける社長の「流儀」をいろいろな角度から書きこんだつもりです。

「よい会社」とはつまるところ、もうかる会社のことです。利益を上げることがよい会社の必要にして必須の条件なのです。

なぜなら、よい会社とはひとつには、お客様をよろこばせている会社であり、それを通じて、世の中に貢献している会社です。ふたつには、社員が働くことに生きがいや充実感を持っていて幸せを感じられる会社です。

これらの条件を満たすためには、なによりも会社は利益を上げていなくてはなりません。したがって、よい会社とはつまりもうかっている会社であり、会社をもうけさせることのできる経営者が、すなわち「よい社長」にほかならないのです。

この、よい社長になることは、けっしてやさしい道ではありませんが、かといって、それほどむずかしい道でもありません。そのことは、この本を読んでもらえれば、きっとご納得いただけるはずです。

本書が、世の中の多くの社長をはじめ、これから社長を志そうという人や経営にたずさわる人に少しでも参考になれば、これにまさる幸せはありません。

目次

第三章 「人を育てる」社長の技法……113

CHAPTER

1

THE FASHION OF
THE PRESIDENT

第一章 「会社をつぶさない」社長の鉄則

よい経営者とは「結果を出す」人のことである

私たちはときどき、「あの会社はなかなかいい会社だね」とか「あの会社はあんまり評判がよくないよ」などと口にすることがありますが、この「よい会社」とは、いったいどういう会社のことをいうのでしょうか。

私が思うに、よい会社とは第一に、「お客様をよろこばせる」会社であることです。よい商品、よいサービスを市場に提供すれば、お客様はよろこんで、それを買ってくれます。つくったものが売れれば、会社はもうかり、その利益をさらなる品質向上や新製品の開発などに再投資できます。また、消費者の満足や社会貢献にもつながり、会社の評価も上がっていくでしょう。

このつくる→売れる→もうかる→再投資する→顧客満足・評価向上の好サイクルを描くこと、継続していくことはよい会社に欠かせない必須の条件といえます。

第二に、「従業員が幸せである」ことも、よい会社に欠かせない条件です。働く人がやりがいをもって仕事に打ちこめる働きやすい環境。それが整っている会社はよい会社といえますが、その労働環境のなかには当然、給料やボーナスもふくまれます。生活するのがやっとの報酬しか出せないのでは、社員が幸せを感じることはむずかしいでしょう。

したがって、従業員の幸せのためには、その土台として、彼らがそれなりに満足できる報酬が支払われなければなりませんが、そのために会社はやはり利益を出さなくてはなりません。

すなわち、「利益を出す」会社。それがよい会社の三つめの条件であり、同時に、よい会社のもっとも肝心な条件でもあるのです。

利益が出せない会社は従業員を幸せにできないし、利益が出ない＝売れない商品しか出せない会社は結局、お客様をよろこばせることもできなければ、市場や社会にも貢献できないからです。

また、そういう会社はおそかれはやかれ消えてゆく運命にあります。もうからない会社がいずれつぶれるのは自然淘汰にひとしいビジネス界の掟だからです。

そして、いま述べたよい会社の条件は、そのまま「よい経営者」の条件にもあてはまります。つまり、よい経営者とはなによりも利益を出せる人のことであり、それができない経営者には経営者の資格はないということです。

ユニクロを展開するファーストリテイリングの柳井正さんが、経営者とは「成果を上げる人」のことだといっています。まさにそのとおりで、結果を出せる人、結果を出しつづけることで会社を持続、成長させられる人。そういう人だけが経営者の名にあたいするのです。逆にいえば、まちがった経営、「わるい経営者」の最たるものは、結果を出せずに会社をつぶしてしまうことです。正しい経営、りっぱな経営をしたけれども、会社はつぶれた——ではダメなのです。

お客様をよろこばせるため、従業員を幸せにするために企業経営に精いっぱい尽力したが、会社は倒産し、社員も路頭に迷った。これも経営者失格です。

だから、なんとしても利益を上げる、何があっても会社をつぶさない。よい経営者にはそうした会社存続への強じんな気概や意思、使命感や責任感がまず要求されるのです。

経営に勝つためには守銭奴にもなれ

サラリーマン時代、私は多くの事業再建を手がけてきました。あるとき、地方の子会社が放漫経営の結果、膨大な負債を抱えこんで、にっちもさっちもいかなくなり、その建て直しのために、私も再建グループのひとりとして派遣されたことがあります。

再建に乗りこんで、私たちが最初にやったことは社員の給料カットとボーナスをゼロにすることでした。会社が傾いた直接の責任は社員にはないのですから、これは非情な処置です。社員のなかからも不満や怨嗟の声が上がりました。

しかし、そうしなければ赤字を転換できないし、赤字がつづけば会社がつぶれてしまうことは火を見るよりもあきらかです。背に腹はかえられません。

いまは、なんとしても会社をつぶさないのがもっとも優先されるべき「正義」であると考えて、私たちは社員に苦労をしいる策を断行したのです（いっぽうで、これこれこういうやり方で、何年後には黒字に転換させ、そのときにはこうするという再建プランを社員に提示することは忘れませんでしたが）。

もし、会社がつぶれたら、社員はみんなクビにせざるをえません。会社がつぶれて解雇されるのと、給料は下がるが会社（仕事）が残るのとでは、社員にとってはどちらがよりましか。それを考えれば、私たちに社員に対する申しわけなさはあっても、方策上の迷いはありませんでした。

経営というものは結果がすべてです。そして会社経営においては、その結果は数字にあらわれます。ですから、どなたかがいったとおり、「会社にとって数字は人格」なのです。また、「数字は企業の健康状態を測る体温計である。バランスシートは会社とそのマネジメントの哲学を表明している」（『プロフェッショナルマネジャー』）のですから、いくらりっぱな理念をかかげていても、数字（結果）がともなっていなければ、会社の存続はあやうくなってしまいます。

会社が維持できなければ、社員の幸せも、顧客満足も、社会貢献も、みんな絵に画いたモチに終わってしまうでしょう。

私は出身地でもあることから、秋田県のサッカーチーム(ブラウブリッツ秋田)と少し関係しています。同チームはこんど、Jリーグ2部への昇格資格を得ましたが、本拠地スタジアムの収容人数などの条件から、現時点ではまだ昇格が本決まりになっていません。

そのことで監督と話す機会があったとき、彼は「勝つ」ことの大切さ、勝利への執念をしきりに口にしていました。なぜなら、試合に勝たないことにはお客さんを呼べない、だからなににもまして、まず勝つサッカーをやりたい——それが彼の勝負哲学の原点であることを熱心に語ってくれたのです。

企業経営でいえば、結果がすべてということです。サッカーチームが勝たなければいけないのとおなじように、会社はもうけなければいけません。

したがって、経営のトップである社長のいちばん大事な仕事は、もうけるためには何をすべきか、その仕組みや仕掛けを必死懸命になって考えることです。とくに中小企業の経営者には、その努力が求められます。

経営に勝つためには、社長はときに「守銭奴」にもなる必要があるのです。

「経営に教科書《セオリー》はない」ことを熟知せよ

経産省から頼まれて、繊維産業の人材育成に関する研究会のメンバーをしていたとき、繊維関係の会社の経営者といっしょに議論する場がありましたが、そのなかにユニクロの柳井正さんがいました。

他の人には失礼ながら、氏の経営に関する見識、技量、経験、先見力などは群を抜いて突出したもので、私は「この人は本物だ」という感じをつよく受けました。

柳井さんについては、一時期、ユニクロの経営を後継者にゆずりながら、ふたたび社長の座に就いたことをとやかく批判する声もありましたが、私にはそれも「無理からぬ人事」のように思えました。

氏のかわりが務まる人間などそうそういるはずもないのですから、どんな優秀な人間を後釜にすえたところで、ご自身の目にはおそらくもの足りなく映ったことは想像にかたくありません。氏の経営者としての能力はそれくらい傑出したものなのです。

柳井さんのすごいところは、ひとつには、経営者の絶対条件である「現場をよく知っている」こと。

もうひとつは、「経営にセオリーなどない」ことを熟知して、理論や常識にしばられることなく、生きた市場や現場の動向から、そのつど最適解をみちびきだす、直感的でありながら分析的でもある、経営者としての地力のようなものです。

経営に教科書はない――これは私の長年の持論でもありますが、考えてみれば、きわめてあたりまえのことです。

会社経営というのは変数だらけの数式を解くようなものです。会社の業種、業態、規模、市場環境、技術や販売力の水準、人材レベル、ライバル会社やお客様の動向など、たくさんの条件をすべてよく考えあわせたところにはじめて、そのときどきのベストな戦略が生まれてくるからです。

これらの条件は当然ながら、いつも変動していますから、みちびきだされる答えもそのつど変わってきます。正解はひとつきりではありません。

したがって、いつ、いかなる場合、どんな状況や環境下にあっても、共通してあてはまる不変のセオリーなど経営にあるはずもないのです。

しかし、それがあたかも「ある」かのようにいうのが経営理論というものです。私もかつてはアメリカから直輸入したような経営理論にかぶれて、自分の仕事に活用してみたことがあります。

やってみてわかったのは、教科書を現場にあてはめてみても、ほとんど無力であるということでした。

まったく無力だとはいいませんが、現場の体験によってどんどん書きかえていかないかぎり、教科書が役に立つことはまずありませんし、書きかえていくうちに、その内容が最初とはまったくちがったものになってしまうこともめずらしくありません。

ですから、理論というのは、事前の予測や事後の分析、一般的な傾向などを知るときの参考としては役立つのでしょうが、それをそのまま、じっさいの経営に適用しようとするのは真剣勝負に木刀で臨むのにひとしいリスクをおかすことになります。

ＭＢＡの理論どおりにやってうまくいくこともあれば、そのとおりにやって失敗することもあるのが、「なまもの」である経営のむずかしさです。

いまのように、時代が動き、経営環境の変化も大きいときには、経営の「定石」に頼ることは、むしろマイナスの害を生むことのほうが多いと知るべきです。

できる社長はマーケットの後追いをしない

万能視されがちな経営セオリーのひとつに、「マーケット・イン（顧客・市場優先）」の考え方があります。売れる商品をつくるためには、つねにお客様の声に耳を傾けて、そのニーズをくみとることに力を注げ、という考え方です。

まちがった考えではありませんが、先の見える、すぐれた経営者は、この「市場の声を聞く」手法を必要以上にありがたがったり、過大に評価したりはしないものです。

なぜなら、お客様というのは（お客様にかぎらず、人間全般がそうなのですが）、世のなかにまだ存在していないものについて、「これこれこういうものが必要だから、つくってほしい」と明確に示してくれることはまずありえないからです。

かりに、「これがほしい」と明示された要望があったとしたら、その商品やサービスはたぶん、すでにかなりの程度、社会に浸透してしまっているはずです。

つまり、お客様がほんとうに求めている真のニーズというのは、潜在化しているぶん、漠然としか意識されず、具体的なことばやかたちでは表現しにくい。それが新しい製品として目のまえに置かれたときにはじめて、「そう、おれがほしかったのはこういうものなんだ」とわかる——そういう「後づけ」の性質を多かれ少なかれ免れえないものなのです。

したがって、マーケットリサーチなどで、お客様の要望や市場の傾向を読みとることは大事ですが、それをそのまま忠実に製品化しても、思ったほどは売れないし、お客様にもよろこんでもらえない、ということになってしまう可能性が高いでしょう。

古くは、それまで室内のオーディオセットで聞くのが常識だった音楽を、屋外や電車のなかでも気軽に聞けるようにしたソニーのウォークマン。あるいは、たんなる連絡手段にすぎなかった電話を小型化、携帯化したうえに、カメラやコンピューター、インターネット機能まで搭載してしまったスマートフォン。

こういう消費者をおどろかせ、感動させて、圧倒的に市場に受け入れられた画期的な製品は、ニーズの後追いではなく、ニーズの先取りから生まれたものがほとんどです。顧客満足とか顧客創造ということばのほんとうの意味もそこにあるはずなのです。

私がマーケット・インという経営の定石をあまり信用していないのは、東レという生産財（素材）をつくる会社で働いていたせいもあるかもしれません。

サプライチェーンの川上にいる素材産業は、最終製品のユーザーである市場や消費者の声を直接耳にする機会が少ないものです。それはマイナス要因でもありますが、同時に、川下（市場）の需要や動向に振りまわされることなく、自社の技術を中心にして製品をつくりだし、それまでになかった新しい需要を先取り的に開拓できるメリットもあるのです。

製品ではありませんが、東レのプラスティック事業を担当していたとき、私は世界に生産工場をつぎつぎに増設したことがあります。

国内市場が飽和状態にあり、これからは海外で大きな成長が見こめると踏んだからですが、とはいえ、インドネシア、マレーシア、米国、フランス、中国と二年半のあいだに十二か所も海外に新工場をつくっていったのです。しかも、同事業の売り上げが千六百億円くらいだったときに総額一千億円も注ぎこんだ、常識はずれの大規模な設備投資でした。

設備投資はマーケットサイズに合わせて——というのが当時の経営常識で、トヨタみたいな大企業もその市場セオリーを守っていました。また、社内からも「つくりすぎだ」「無謀だ」という声が聞こえてきました。でも、私は意に介しませんでした。

ひとつの国でオーバープロダクトになったら、よその国へもっていって売ればいいじゃないか。世界的には、それがじゅうぶん可能になるほどの成長産業だし、営業というのは、工場から出荷された製品は多少過剰であっても、死にものぐるいで売る習性をもっているものだ。そんな、ちょっと不遜なくらいの確信が私にはあったのです。

結果はどうだったかというと、十二つくったうち、ひとつの失敗をのぞいた、十一の工場でフル生産、フル販売できました。成績は十一勝一敗です。

経営の教科書からみたら、赤点を食らう方法で、リスクも小さくありません。しかし、そんなマーケットセオリーにしたがわないやり方が大きな成功につながるのは、経営には全然めずらしいことではないのです。

結果を出す経営者は、マーケットに従順にしたがうよりも、その動向の半歩先、一歩先を行くことを心がけているものです。お客様のニーズの一歩先、一段上を行く製品、サー

ビスを提供して、

「なるほど、こんな便利なものがあったのか！」

「そんな行きとどいた、親切な気くばりまでしてくれるのか！」

といったおどろき、感動を市場に与えるための努力を惜しまないものなのです。

そのためには、理屈やセオリーを超える直感を大切にし、前向きなリスクテイクを恐れない積極的な姿勢が必要になってきます。

お客様の声を聞くことばかりに熱心になっていると、そうした攻めの経営がいつのまにか失われて、だれもが一度はどこかで見たり、経験したりしたような既視感のある、無難な製品やサービスしか送りだせないことにもなってしまうのです。

すぐれた経営者は人とちがう「自分だけの経営」をめざす

世のなかには、いろいろなタイプの社長がいます。

人間的にはざっくばらん、豪放磊落で、親しみやすいが、ワンマンで強権的な経営をする人。同様に、部下の声に耳を貸さず、独断専行でことを進め、成功すれば大きいが、失敗も大きいタイプ。

事務処理能力が高く、すべてをソツなく堅実にこなし、組織の調整力もあるので、失敗はほとんどないが、臆病なところがあって、大きな決断がなかなかできない人。優秀で、なんでも自分ででき、過去に大きな業績も上げてきたが、それだけに、その成功体験の呪縛から抜けだせず、部下に仕事をまかせることも苦手なタイプ。

経営者の個性が十人十色であるのとおなじく、その経営手法も百人百様という感じがします。

サラリーマン時代、私は幹部として何人かの経営者に仕えましたが、その数人の社長はみんな、それぞれみごとなくらい人間のタイプや経営スタイルが異なっていました。

しかし、その相違が私にはひじょうに興味深かったし、とても勉強にもなりました。また、歴代に異なるタイプの経営者がつづいたことは会社にとっても有益だったと思います。

なぜなら、異なる個性や手法をもった人間が交代で経営者を務めることによって、代ごとに新陳代謝が起こり、古いものは捨てられ、新しいものが採り入れられて、会社が「生きた組織」として成長する基盤となったからです。

かりに、おなじタイプのトップがつづいたら、どうだったでしょう。それは——ことばはわるいのですが——同系統の血がつづく「近親交配」みたいなものですから、新陳代謝が起こりにくく、会社の活力はしだいに先細りに衰えて、やがてつぶれてしまうような結果にもなったかもしれません。

会社を生きものと考えれば、やはり、異なる血が交わる「異種交配」のほうが生命力は強化されます。経営者は「みんなちがって、みんないい」のです。

以上のことから、ひとついえるのは、「これが経営者のあるべき姿だ」という理想の社長像などないということです。

ときどき、雑誌などで「理想の社長はだれか」といった記事を見かけますが、読みものとしては面白くても、ああいうものにほとんど現実的な意味はありません。

また、松下幸之助のような立志伝中の人物になりたい、第二のスティーブ・ジョブズをめざすといった目標像を描くのもかまわないでしょうが、それを唯一の理想の姿として追いかけることや、先人のコピー版をつくりだすのに精を出すことにも、やはり有益な意味は見出せません。

経営者はそれぞれ、自分流のやり方で会社を経営すればいいのです。

地方に講演に行ったとき、食品販売関係の会社を経営している、ある中小企業の社長さんから、「事業計画というのは途中で変えてもいいものでしょうか。それとも、変えないほうがいいものでしょうか?」という相談を受けました。

私は答えに窮しました。この二択問題は、場合によって、どちらもイエスだからです。つまり、計画と現実のかい離が大きくなったとき、なんとか計画を達成できるよう努力すべきときもあれば、計画のほうを変えたほうがいいこともあります。どちらを選ぶかは、くわしい事情を聞いてみなければうかつに判断できません。

しかし、その社長さんは、「オヤジ（先代の社長）は律儀で、年度はじめに多少背伸びして立てた計画を無理をしてでも必ず守っていました。私もそうしたいのですが、このごろの景気では、なかなかそうもいかなくて……」と、心情的にはお父様のやり方を踏襲したそうでした。

そこで、私はつぎのように答えました。

事業計画には予算もついてきますから、それを守れるかどうかはとても大切な問題です。しかし、事前の計画というものが、思考をしばる「枠」となってしまう危険も大いにあります。予算や期日を守ることが第一になって、柔軟な発想ができなくなったり、データ重視主義におちいった結果、変化を感じるセンサーがにぶくなって、思わぬ新規事業の展開のチャンスを逃したりしてしまうのです。

ですから、お父様のやり方には敬意をはらいながらも、ここはご自分の感覚や判断を信頼してみたらどうでしょう——。

どれほど参考になったかはわかりませんが、私がいいたかったのは、正しいセオリーや定石、こうあるべきだという理想形、そんなものは経営にはないのだから、社長は自分流のやり方——自前の理念や手法にもとづき、自信をもって会社を運営していけばいいのだということです。

先人のコピーではない、人とちがった、自分だけの経営をする勇気。それが社長には必要とされるのです。

「もうければ何をしてもいい」経営は長つづきしない

経営スタイルは人それぞれちがっていても、「会社の利益を上げる」ことはすべての社長に共通する責任です。しかし、だからといって、もうければ何をしてもいいわけではありません。このことを経営者はよく胸にきざんでおく必要があります。

世のなかの経営者、とくに中小企業の社長にとって、いちばんの関心事は「どうやって会社をもうけさせるか」にあるでしょう。

いつか、中小企業の社長さんばかりが集まる飲み会に参加したときも、酒のさかなのようにして口をついて出る話題は、どうやったら少しでも有利な条件で銀行から融資を引きだせるか、いかにして利益を圧縮して税金を安くできるか。そんなことに集中していました。

思うように利益が出ず、ぎりぎりのところでやっている中小の会社が多いのが現実ですから、それもいたし方ありません。だからこそ、経営には「なんでもあり」、自社ファーストの姿勢で、自分流の経営をやればいいのです。

でも、その「なんでもあり」は、もうけるためには何をやってもいいという意味ではありません。経営にセオリーはないが、守るべき法やモラルは厳然とあるのです。

たとえば、不正会計に手を染めたり、税金をごまかしたり、正当な理由もなく従業員を解雇したり、補助金を不当に受け取ったり。そんなふうに法律や倫理面がルーズな人間、不正なことをしないよう自分を律する意思、覚悟の欠けた人間にはそもそも会社を経営する資格はありません。

東京の郊外で、精密機器の加工会社を営んでいるA社長は、どれほど経営が苦しいときでも、絶対に従業員のクビを切らないことを順守すべき経営モラルとして自分に課しているといいます。

従業員十名少しの小さな会社だからできることかもしれませんが、Aさんのその方針の根底には、「いっしょに働いている人を不幸にしてはいけない」という倫理観があります。

経営者に社員を不幸にする権利はない、幸福にする責任があるだけだ——そんな意思やモラルをしっかりと経営に反映させているのです。

そのせいか、Aさんの会社は小さいながら、精密機器の微細なコーティング（塗装）という特殊技術でいくつかの特許をもち、長く優良経営をつづけています。また家族型経営で、定年はもうけず、従業員は年をとっても好きなだけ働けるという環境も整っています。

Aさんの個性、経営手法がよくあらわれた、会社は経営者の器しだいという原則がそのまま体現されたような会社です。

なぜ、もうけるためなら何をしてもいいわけではなく、最低限のモラルを守らなくてはいけないのか。それは、そうしないと法に問われるということもありますが、なにより、正しいもうけ方をしないと、会社というものは長つづきしないからです。

ニセのブランド品を安く大量に売れば、手っとりばやくもうけは出るでしょうが、そういう商売のやり方がいつまでもつづくでしょうか。運よく何かの商品が一発大当たりして、高い利益を一時的に上げた、それだけの会社が将来も着実に伸びていけるでしょうか。

利益というのは逃げ水みたいなところがあって、もうけばかりを追いかけていると、もうけは逃げていくものです。だから、経営というのは、たんなる結果オーライではダメなのです。

「これをしてはいけない」「これはこうすべきだ」。そうした哲学やモラルにもとづく、正当な経営活動からもたらされた「健全な利益」でないと、会社を持続的に経営することはできないのです。

会社の「憲法」である経営理念をしっかり定めよ

自社を、もうけるだけが最終目的の会社、結果オーライだけの会社にしない。モラルを守って、「正しい」企業活動をつづけられる会社にする。そのために必要になるのが企業理念や経営ビジョンです。

つまり、自分の会社はどういう会社で、何のために、どんな製品・サービスをつくりだして、お客様や社会に貢献するのか。そうした会社の大きな目的や存在理由をはっきりともつことです。

理念やビジョンというのは、事業活動の根幹となる柱であり、企業経営を持続させる原動力となります。また、行動指針として組織全体の意思統一を図ったり、社員の意欲やモチベーションを高めたりする役割も果たします。それは会社をはじめたときの基点であり、めざすべき到達点でもある、いってみれば会社の「憲法」みたいなものなのです。

こういうと、「理念でメシが食えるか」という反論が聞こえてきそうですが、けっして高尚な話でも、きれいごとでもありません。

たとえば、どんな会社の社長にも、事業や製品を通じてやってみたいこと、世のなかに問うてみたいことがあるはずです。経営者の夢や志、信念や信条、目標や情熱ともいえるものですが、それを会社の経営姿勢として言語化したものが理念なのです。

古くは松下幸之助さんの水道哲学や、ヤマト運輸の小倉昌男さんがかかげた「サービスが先、利益は後」というビジョン。いずれも経営者個人のつよい思いが会社の理念となり、経営活動を大きく推進する力となっていった例です。

経営理念が世界的に有名な企業のひとつに、米国のジョンソン・エンド・ジョンソンがあります。同社の「我が信条（Ｏｕｒ Ｃｒｅｄｏ）」には、顧客、社員、社会、株主に対して果たすべき四つの責任が列記されていて、それが企業活動の行動指針や倫理規定ともなっています。

たとえば、社員に対する責任だけを見てみても、

「社員一人一人は個人として尊重され、その尊厳と価値が認められなければならない」

「待遇は公正かつ適切でなければならず、働く環境は清潔で、整理整頓され、かつ安全でなければならない」
「社員が家族に対する責任を十分果たすことができるよう、配慮しなければならない」
「能力ある人々には、雇用、能力開発および昇進の機会が平等に与えられなければならない」

などと、会社が社員に対して（社員が会社に対して、ではなく）果たすべき役割が明確に書かれています。会社が守るべき約束がはっきりと記されている点で、「企業の憲法」というのにふさわしい理念です。

むろん、世界的企業ばかりでなく、規模は小さくても、しっかりとした理念をかかげて堅実な経営をしている会社もたくさんあります。とくに日本には、町の小さな工場であっても、「整理整頓」とか「お客様第一」といったスローガンめいた社是や社訓をかかげている会社が多いようです。これもりっぱな経営理念だと思います。

前項で紹介したAさんの、「いっしょに働いている人を不幸にしない」という信念も、世界的企業にもけっして劣らないcredoといえるでしょう。

会社を経営することは迷いと決断の連続です。ある局面で、どんな決定を下し、どんな方法や手段を選んだらいいのか、判断に迷う場面がたくさん出てきます。そういうときに羅針盤の役目を果たし、正しい選択や判断の基準となってくれるのが、「何のために経営しているのか」という大本の経営理念なのです。

そのよりどころがないと、順風でうまくいっているときはいいが、逆風を受けて売り上げや収益がダウンしたときなどに、たちまちかじ取りの方向性を見失い、会社存続の足もとがぐらついてしまうことにもなります。

利益追求は中小企業の社長に課せられた最大のノルマであり、そのためにも自己流の経営をおこなえばいいのです。しかし、ひたすら利益追求だけが目的で、会社としてはノー・ビジョン、ノー・セオリーなのでは、やはり長期にわたって利益を生みだしていくことはむずかしいでしょう。

経営が不安定になりがちな中小企業こそ、会社はどうあるべきか、何をめざすのかという理念や方向性を明確に定め、それをよりどころとして、「迷わない経営」をすることが大切なのです。

ときには正攻法から外れた奇策も用いるべし

理念やセオリーはいわば経営の王道であり、企業経営の背骨になるものとしてしっかり守っていかなくてはなりません。ただ、いっぽうで、「理念だけではメシが食えない」のもまたたしかなことです。

ときには、その王道を離れて、王道とは正反対の「詭道」の方法も用いなくては、利益を上げることはなかなかむずかしい。このあたりの事情は、経営の苦労が絶えない中小企業の社長さんなら、よくおわかりだと思います。

この詭道ということばは、中国古典の兵法書『孫子』に出てくるもので、戦争の本質はだましあいにあり、戦いに勝つためには、敵をあざむいたり、出し抜いたりするはかりごと

（詭道）を駆使しなくてはならない。ときには詐術や謀略も使って、相手をおとしいれる必要があると説いています。

相撲でいえば、正攻法の四つ相撲ばかりでなく、張り手やけたぐりといった奇策も臨機応変に使って勝利をたぐりよせろということになるでしょう。

もちろん、ルールの範囲内での話ですが、この考え方は会社経営にもあてはまります。たとえば、つぎのような奇策によって、自社に不利なトラブルを解決してしまった例があります。

あるとき、A社が自社製品のもつ特許権を侵害した疑いで、同業ライバル社のB社を訴え、約三十億円という莫大な和解金を請求しました。

じっさいに特許権侵害にあたるかどうかは微妙なケースでしたが、それでも交渉の結果、訴えられたB社は請求額の三分の一の十億円くらいは払う必要が出てきました。社内でも、それで和解やむなしという声が大勢を占めたのです。

ところが、ちょうどそのころ、海の向こうの米国で日本企業のダンピング（不当廉売）問題が起き、A社が輸出した製品もその対象となっていました。いっぽう、B社は当の米国に同じ製品をつくる子会社をもっており、訴えた側の米企業のメンバーとして名を連ねていたのです。両社の立場は日米で逆転することになったわけです。

そこで、B社は米国でのそのアドバンテージを日本国内の特許問題に利用することにしました。ダンピング訴訟に加わらないかわりに、特許侵害の和解金を大幅に安くしてくれるよう、A社にディール（取引）をもちかけたのです。

A社にとっては、すんなり飲める話ではありません。でも、もし、その取引を断ってしまうと、B社が加わった米企業側から訴えられ、裁判の結果しだいでは、和解金よりもはるかに高額な賠償金を払わなくてはいけない事態に追いこまれるかもしれません。

その可能性をちらつかせながら、B社は交渉をつづけ、結局、十億円の和解金を一億円にまでまけさせる破格の条件をA社に飲ませてしまったのです。

もう、おわかりの人もいるかもしれませんが、この交渉にあたったB社の担当者は東レ時代の私です。

東レの経営理念には、「わたしたちは新しい価値の創造を通じて社会に貢献します」などというりっぱな一行があり、私もその理念を忘れていたわけではありませんが、ビジネスの現場では、そうした正道からは少し外れた詭道を用いるべきときもあるのです。

十億円の和解金を一億円まで「ダンピング」したという私の報告を聞いた上司は、「おまえというやつは……」と絶句していました。

むろん、あまりほめられた話ではありません。しかし、こうしたルールの範囲内ギリギリの手法を使うことも、会社を経営していくうえでじゅうぶんありうることであり、また、利益を上げるために必要なことでもあります。

正攻法と奇策をうまく使い分けることが、成果を上げる社長にとっての大切な条件となるのです。

正面玄関から入れない家に裏口から入る工夫

ついでに、もう少し詭道のほうへ踏みこんだ例を紹介しておきましょう。異業種の勉強会で知りあったCさんという、ある先輩ビジネスマンの体験談です。

かつてCさんが勤めていた、大手メーカーD社が主導して、いくつかの問屋を統合して流通ルートの簡素化を図ることになりました。

こういうときは公正取引委員会の認可を得る必要があります。統合によって独占状態が発生し、自由な競争を制限することにならないか、大きな企業が小さな企業を圧迫することにならないか、そんな点を公取委からチェックされるのです。

このケースでは、大企業であるD社が規模の小さな流通業者を統合することから、後者の条件にひっかかる可能性が高く、D社の法務部の見解も、「十中八九、認められないだろう」というものでした。

しかし、担当者のCさんは臆することなく、当の公取委へ出向いて、許可が下りるかどうかを直接たずねることにしました。むろん、ただ見解を聞きにいったわけではなく、本当の目的は認可をもらうための交渉にあります。そこで彼は謀略めいた策を使ったのです。

まず、Cさんは、わが社としてはあまりこの統合に乗り気ではないが、流通業者のほうから「いっしょにやろう」と望んできたことなので、やむをえず引き受けることにしたと事実とは反対の説明をしました。

そして、流通業者側から「ついてはD社も出資をしてほしい」と頼まれたが、いまいったように主導権は先方が握っているため、こちらの出資額は全体の一五％程度にとどめて、大半は向こう側が出す予定であること。つまり経営権の支配は向こうにあるので、当然、統合会社のトップも先方から出ること。そうした統合条件も示して説得をしました。すると、公取委も「そういうことなら」と認可にOKを出したのです。

この話を会社にもち帰ると、上司はしぶい顔をしました。「一五％ぽっちの出資ではダメだ。ウチが経営権を主導する話でなきゃ、経営会議は通らない」というわけです。

しかし、策士のCさんは、その点にもちゃんと手を打っていました。経営会議で配布する補足の説明資料（正式な書類ではない）のなかに、「統合会社ができたら、ただちに増資して、D社が出資比率の七〇％を握る」旨の一文を記し、それによって経営陣を説得してしまったのです。

経営陣からは、「まるでサギだな」という声が上がりました。公取委に事実とは異なる説明をした点では、そういわれても仕方ないかもしれません。

許認可を出すまではうるさいが、出したあとでは実態があまり問われることはない。そういうお役所の体質を熟知したうえでのCさんの策謀がみごとに功を奏したわけです。

さらに、その後、統合会社のトップになる予定の人が、主導権がD社にあることを理由に社長を辞退したいといいだしました。Cさんはこれを受けてふたたび公取委に出かけ、彼のかわりに社長もD社から出すことを公取委に認めさせてしまいました。

もちろん、D社からは流通業者に対してのれん代が支払われ、その社員もみんな統合会社へ引き取られるという手当てはなされましたが、Cさんのこうした手練手管によって、D社は流通ルートの効率化に成功したのです。

Cさんはのちに、「最初に公取委に交渉に出向くとき、上司から『きみは交番のまえで立小便をする気か』といわれてね。うまいことをいうなと思ったよ。大学に裏口入学するみたいな、きわどい手を使ったのはたしかだな」と述懐していました。

こういう「詭道」を全面的にすすめているわけではありませんが、会社経営では、正攻法が通用しないピンチや、奇策を弄しないとつかめないチャンスがあるものです。そういうときは、正面玄関から入れない家には裏の勝手口から入る、そんな奇手を工夫することが大切になってくるのです。

できる社長はサラリーマン根性を追放せよ

私は東レという大企業でサラリーマン人生を送りましたが、当時から、大きな会社で働くことのメリット、デメリットの両方を感じていました。大企業で働く、仕事面での最大の利点は「会社の名前で仕事ができる」ことでしょう。欠点のほうはなんといっても、「意思決定が遅い」ことです。

しかし、中小企業では、この長所、短所がひっくり返ります。小さな会社には、ものごとをすばやく決めて、スピーディに進められる、大きな会社では望めないメリットがあるのです。

ある新進のＩＴ企業の会議で、製品の歩留《ぶど》まりがどうしてもよくならないが、新しい機械を導入すれば、問題はおおむね解決するだろうという提案が上がってきました。その機械の価格は二十億円にとどくものでしたが、経営者はその場で購入を決めたといいます。

歩留まり損がかなり増大していたという事情はあるにせよ、それだけの重大な決断をトップがすばやく下したことにおどろいたのは、その会社にスカウトされて移籍してきた大企業出身の社員でした。

以前、彼らがいた大企業で、それだけのレベルの金額の投資を通そうとしたら、数か月に一度しか開かれない投融資会議の承認を得なくてはならなかったからです。さらに、その案件を会議に上げるのには、いくつもの関係部署からのハンコを得なくてはならない――。

大企業というのは、社長の決断しだいでものごとをスピーディに前へ進められる中小企業にくらべて、アクセルを踏むのが遅ければ、ブレーキを踏むのにも時間がかかる欠点があるのです。

カルロス・ゴーンさんの不正報酬の件はとても残念なことですが、彼が日産自動車の改革に発揮した手腕は、傾いた会社を再建する手法としてはみごとなものだったと思います。

たとえば、「自分たちのすべきことは、日産を『変える』ことではない。あくまで日産が自分たちで変わる、その『手助けをする』ことだ」。この信念にもとづいて、ゴーンさんが最初にやったことは、現場をよく知る課長クラスの若手社員を集めて、徹底的に議論させることでした。

そこから抽出したすぐれた意見やアイデアを、あの有名な「日産リバイバル・プラン」に集約し、それにそって改革をすみやかに進めたのです。

こうした社員の自主性を尊重することも日本の大企業の苦手なところで、東レがあるグループ会社の建て直しを図ったときには、延べ何十人もの社員を本社から送りこんで、子会社の社員に対して、「あれをやれ」「これはするな」と手とり足とり指導して、社員自身に考えさせることはほとんど念頭にありませんでした。

また、トップセールスをおこなう場合でも、大企業では、社長が側近や担当者などを大名行列よろしくゾロゾロと何人も引きつれていくことが多いものです。

くわえて、かなりの重要案件でも、最終的な意思決定は取締役クラスが下す。会社の経営方針も経営企画室が策定する。社長は何をしているかというと、むかしの殿様みたいに、「よきにはからえ」とばかり奥の院に鎮座ましまして、自分ひとりでは何も決めない、決められない――こんな大企業もけっこうあるのです。

いっぽう、トップセールスの場には、社長ひとりで出向き、相手の経営者と一対一のサシで商談や交渉をまとめてくる。また、自分の足で顧客や取引先へと出向き、マーケットの現場を歩いて、自分の目と耳で情報を収集し、自分流のものの見方や考え方、発想や意見をたくわえている――こういう中小企業の社長も少なくありません。

もちろん、経営者は――会社の大小を問わず――後者のようなタイプでなくてはなりません。ことなかれ主義、いたずらな先延ばし、前例踏襲主義、やみくもなリスク回避、うすい危機意識……成果を上げる社長というのは、こうした大企業病的体質、サラリーマン根性を、いつも自分のなかで圧殺しているものなのです。

集団組織を率いるトップは「人間通」でなくてはいけない

会社の経営も、会社間のビジネスも、すべて人が考え、人がかかわり、人がおこなう、人間の思いや欲望、損得や利害のこもった人間くさい営みです。

したがって、経営学とはまた人間学のことでもありますから、経営者たる者、人間の行動や心理の裏表に通じている必要があります。日のあたる表の部分はもちろん、日のあたらない裏のダークな部分にも精通していることも、できる社長の条件のひとつにあげられるでしょう。

東レ時代、経営破たんした中堅企業へ出向して与信管理の仕事をしたとき、私は計画倒産の手口を使って債務逃れをする経営者に何人も出会いました。

与信管理はご存じのように、取引先の会社の信用度を事前に調査して、債権の焦げつきなどが出ないようにする仕事です。しかし、その出向先では年間、十社くらいの取引先が倒産するようなありさまで、しかも、そのうちの三社に一社くらいは計画倒産をよそおう悪質なケースがふくまれていました。

経営が苦しくなると、会社を意図的につぶして、債務を支払うことなく姿をくらましてしまう（むろん、自分の資産はちゃんと確保して）。そして、ほとぼりが冷めたころ、また新しい会社をつくって何くわぬ顔で取引をはじめる。そんな法に反する行為を平然とおこなう人が少なからずいたのです。

与信管理の現場で、そういうケースに何度か直面して、私はしばらくのあいだ人間不信の気持ちが抜けませんでした。と同時に、「商売というのは性悪《せいあく》説を前提にやらなければならない」ということが骨身にしみてわかったのです。

悪質なケースではありませんが、取引先の倒産を防ぐために、二千万円という大金をボストンバッグに詰めこんで、大阪から京都まで走り、ぎりぎりのところで貸し倒れを回避したこともあります。

大企業のぬるま湯につかっていたのでは知ることのできなかった、ビジネス社会の裏側をのぞきこんだような体験で、会社経営にたずさわる人間は、取引相手の経営能力だけでなく、その人間性まできちんと見抜く目をもっていなくてはならない。そのことをつくづく実感させられました。

同じころ、裏社会に生きる人との交渉をしたこともあります。

あるとき、出向先にその筋の人がやってきて、あることないこと、なんやかやと会社にイチャモンをつけて、それとなく法外なお金を要求したのです。

会社の人はみんな怖気づいてしまい、若い私に交渉のお鉢がまわってきました。私は腹を決めて彼と会いましたが、よく話を聞いているうちに、彼のイチャモンに確たる根拠はなく、ほとんどが風のウワサ程度の不確かな情報をネタに脅しをかけていることがわかってきたのです。

そこで、私は彼にあわせて世間話や雑談をして、のらりくらりと矛先をかわすことにしました。そういうことが何度かくり返されて、彼も「こいつを相手にしても、らちがあかないな」と思ったのでしょう。

最後に、私が提示した金額をあっさりと承諾し——その金額は彼が最初に要求した金額の百分の一にすぎないものであったにもかかわらず——それ以来、彼は二度と姿を見せませんでした。

こんな領収書の出ない「経費」も会社にはときどき必要であり、その出費をできるだけ低く抑えるすべとしても、経営者は人間の心理、あるいは社会の裏事情に通じている必要性があります。

会社とは人間が集まった、人間の思惑がひしめく集団です。その集団組織をトップで率いる社長はなにより人間通、社会通でなくては務まらないのです。

成功する経営者は必ず「よい独裁者」である

ある新事業をおこなうべきかいなかが、社内で大きな議論になっていたとき、経営者がひとりの部下を呼んで、「この事業は有望だ。絶対に進めたいから、計画推進のための根拠となる情報をできるかぎり集めてこい」と命じました。

いっぽうで、別の部下も呼び、「この計画の勝算はうすい。私も反対だ。だから、その反対論に説得力を与えられるような情報を収集してこい」とも命じました。

そうして後日、経営者はふたりから正反対の内容の報告をさせ、そこから有望な情報を拾い上げて持論を固めるのに活用したのです。

これだけなら、ふつうのことですが、じつは、この経営者の腹づもりは最初から事業推進の側にありました。にもかかわらず、その本心を少しも見せず、何くわぬ顔で、ふたりの部下にまったく異なる立場からの情報収集を命じたわけです。

そうやっておすみつきを与えて、部下の背中を押してやれば、ふたりのやる気が刺激されて、集める情報の量も質も高まるだろう。その効果を見越してのことですが、同時に、経営者は集まった情報の内容や精度をくらべて、ふたりの部下の力量を測り、その能力評価もちゃんと下していたのです。

人間心理をうまく利用した部下の操縦法で、みごとといえばみごと、「腹黒い」といえば腹黒い詭道的なやり方といえます。

しかし、こうした冷徹とも見える手法も、経営者は時と場合に応じて駆使する必要があります。人間学に精通することは、組織のリーダーとして「人を動かす」ことにもつながるからです。

ちなみに、この経営者はワンマンを絵に描いたような人で、独断専行でことを進める「独裁型」の人物でした。部下を人前で平然とどなりつけるような人で、けっして部下が仕えやすい上司でもありませんでした。

しかし、この人の経営の進め方、部下の使い方や育て方を見ていると、独裁型の経営もわるくないという気がしてくるのも事実です。わるくないどころか、経営者は「よい独裁者」であるべきだという、会社経営におけるひとつの「真理」も見えてくるのです。

なぜなら、強引なやり方でも、「民主的経営などどくそくらえ」とばかり、トップダウンで果敢にことを進めなくてはいけない場面も会社経営には少なからずあるからです。

たとえば組織改革や事業再建などは、なによりスピードが命です。ですから、たとえ拙速であっても、責任者は内容よりも速度を優先して、独断専行でことを進めることが必要になる場面も出てくるのです。

私の年長の知人で、数百億という負債を抱えて倒産寸前だった会社をわずか一年で再建させてしまった人がいます。不採算部門の大胆な撤収とリストラ、思いきった子会社の閉鎖・売却、執務スペースの大幅な減少など、やつぎばやに改革を断行して、膨大な債務をすべて返済し、大赤字の会社を黒字に転換してしまったのです。

組織改革では、いわば「破壊と創造」を同時に進行することが要求されます。それは古い仕組みをこわしながら、新しい仕組みをつくっていくことです。

当然、ボトムアップで、じっくり時間をかけて——というわけにはいきません。そういうときには、多少の社員の不満や組織的なきしみがあっても、スピード第一をモットーに、独裁的にどんどん断行していくことが必要なのです。

よく、経営は独裁型のトップダウンがいいのか、民主的なボトムアップでいくべきかといった議論がありますが、この問題を二者択一で考えることにはあまり意味がないように思えます。

ふたつのうち、どちらがよいか、どちらを重視すべきかは、そのときの状況や条件、時機やタイミングによって変わってくるからです。

たとえば、ものごとのはじまりの時期やものごとを大きく変えなくてはいけない時期には、スピードや勢いを出せるトップダウン型で進め、安定期を迎えたら、組織の合意を重視するボトムアップ型を中心におこなう。そんなふうに、独裁と民主を使い分けることが大事なのです。

国の運営とちがって、会社経営では、(例外はあるにせよ)独裁が一方的にわるいとはいえません。独裁だから、うまくいく場合もあるのです。

ホンダの本田宗一郎さん、京セラの稲盛和夫さん、ユニクロの柳井正さん……成功した会社の成功した経営者には必ず、独裁者であった時期があるはずです。いや、いまでも変わらず独裁者の面をもって経営にあたっているはずです。

経営者にとって大事なのは、必要な場合にはためらうことなく民主的な手法も使える「よい独裁者」であることなのです。

CHAPTER

2

THE FASHION OF
THE PRESIDENT

第二章　「成果を上げる」社長の条件

果敢な決断力が会社をつぶすこともある

リーダーに必要とされる条件として、先見性や大局観と並んで重視されるものに「決断力」があります。組織のトップたる者、苦しい状況にあればあるほど果敢な決断を迷わず下さなくてはならない——ものの本を読むと、たいていそんなふうに書かれています。

しかし、私は決断力にそこまで高い評価を与えるのは、むしろ危険だと考えています。少なくとも、決断力という要素はリーダーの条件としては価値が低く、ことさらその大事さを強調するほどのものでもないと思えるのです。

決断力より大事なのは「現実把握力」です。ここでいう現実把握力とは、お客様は何を求めているのか、市場の動向はどうなっているのか、業界の環境はどうか、競争相手の動きはどうか、技術の水準はどうか、従業員の意欲はどうか。そうした意思決定の前提となる総合的な知識や情報のことです。

それらの「事実」さえきちんとつかめていれば、おのずと対応策はみちびきだされてくるし、それにしたがって、進むべき方向、とるべき方策も自然に決定できるはずです。

事実さえ正確に把握できていれば、とくに決断力にすぐれていなくても、また、「ここで大一番の決断力を発揮するぞ」などと肩に力を入れなくても、ごくスムーズに正しい判断が下せるはずなのです。

もし、事実をちゃんと把握しないまま、つよい決断力を発揮したらどうなるでしょう。その判断は誤ったものになる可能性が高く、事業はまちがった方向へ突き進んで、会社を倒産の危機にさらすことにもなりかねません。果敢な決断が会社をつぶすこともあるのです。

そのリスクを避けるためにも、私は決断力を必要以上に重要視しないほうがいいと思います。

それよりも、意思決定の前段階としての情報をよく集めること。集めた情報をよく吟味して事実を知ること。その事実に照らして、自分たちの置かれている状況を客観的に、正確に把握すること。そういう地道な作業が決断に先だつ行為として、より必要、かつ大切になってきます。

ただ、その事実を正確に知ることがなかなかむずかしいのもたしかです。いくら綿密に事前のリサーチをしても、わからないことはたくさんあるからです。

東レではメガネ拭きも販売していますが、以前、この製品を欧米に輸出したとき、ヨーロッパでの売れゆきはまずまず好調だったのに対して、米国では売れゆきがかんばしくないことに首をひねったことがあります。

当地の販売担当者が熱心でない、小売店でのPRがじゅうぶんではない……いろいろ分析して、宣伝にも力を入れてみたのですが、やはり効果が上がらない。

あとで理由がわかってみると、じつにかんたんなことでした。そもそもアメリカ人にはメガネを専用の品で拭く習慣がなかったのです。ちょっとくらいの汚れなら、シャツの裾《すそ》などでサッと拭くだけですませてしまうことが多いのです。

ちょっとした盲点でしたが、この事実を事前に知っていれば、もっとちがう「決断」ができたにちがいありません。

ことほどさように、事実を正確に知ることはむずかしいのです。現場で起きていることの百を百すべて把握することは不可能なのです。

しかし、だから「あとは決断しだいだ」とかんたんに意思決定にゆだねるのではなく、わかるところまではとことん調べなくてはいけません。

そのために、社長がやっておくべきは、現場で何が起こっているのか、その情報が手もとに入るように仕組みをつくっておくことです。たとえば、ナンバー2とか現場の責任者には、現場で起きていることをそのまま素直に報告してくれる人が適しています。

事実を脚色したり、自分の意見や解釈をまぜたりせずに、事実だけを正確に伝えてくれる人。「色つき」でない客観的な材料を正確に提供してくれる人。そういう人は多少、仕事ができなくても、トップが正しい判断をするために欠かせない人材といえるでしょう。

経営者はいつも現場感覚を研ぎすますべし

社長にとって、現場を見ること、知ることの大切さはいうまでもありません。経営の成功のヒントも失敗のタネも、すべては現場にあると心得るべきです。事業活動の最前線である生産や消費の現場で、いま、何が起こっているか。経営者はいつもアンテナを張って、現場感覚を磨く必要があるのです。

たとえば最近、日本企業でも、外部からプロの経営者を招いて、トップにすえる例がふえてきています。ある業界で実績を上げた経営者をまったく異なる業界の会社の社長に招いて、彼にトップマネジメントをまかせるという手法ですが、うまくいっているケースは少ないようです。

失敗の理由はいろいろあるでしょうが、ひとつには、やはり「現場を知らない」ことが大きいのではないでしょうか。

異業種の会社をマネジメントするということは、ごく単純にいえば、きのうまで野球の監督をしていた人が、きょうからサッカーの監督をするようなものです。すぐにプロと呼ばれるのにふさわしい水準の仕事をするのはかなりむずかしいはずです。

また、まったく未知の専門外の分野であれば、知識や経験だけでなく、自社の製品やサービスに対する思い入れや情熱も希薄でしょう。そういう人が的確なマネジメントに必要な「現場感覚」を身につけるまでには、やはりずいぶん時間がかかるにちがいありません。

つい最近も、経営の基盤強化などを目的に、二度にわたって外部から経営者を招いたが、結局うまくいかず、会長に退いていた創業者のご子息がふたたび社長に返り咲いたという企業の例がありました。

ある業界でらつ腕をふるった人を別の業界に招いて、そのスゴ腕をわが社でも発揮してほしい……と短絡して考えるのは、現場感覚という経営にきわめて重要な要素を度外視している点で、甘いというよりも、危険なことのように私には思えます。

プロ経営者が活躍する本場は米国ですが、以前、その米国の情報関連の企業で長く働いてきた人（日本人）に話を聞く機会がありました。

彼がいうには、アメリカの企業ではたとえば、かなり重要な製品開発会議であっても、そこに経営陣が（経営陣だからという理由だけで）参加することは少ないのだそうです。

なぜなら、会議の議題に関する専門的な知識や知見の少ない人間が出席しても、内容ある議論や的確な決定のさまたげになることが多いからだといいます。そこにはつまり、「現場を知らなくては正しい判断はできない」という考え方が根づいているのです。

この点、現場をよく知らない本社の経営陣が参加して、あれこれ中身のない総論や現実味を欠いた空論を上から目線で説いた結果、会議はむなしく空まわりし、出された結論も現場の状況からはほど遠いものだった――こんなケースが少なくないのは、むしろ日本企業のほうではないでしょうか。

東レでは、社長が国内外の工場を見てまわり、そこで現場をよく知る担当者とディスカッションする機会が定期的にもうけられていました。むろん、経営者と現場の距離が遠くならないための措置です。

世界最大手の小売業、米国ウォルマートの日本市場からの撤退が取りざたされましたが、その大きな失敗要因は、取引先との固定的な関係を重視するわが国の商習慣を軽視した点にあるといわれています。

「エブリデイ・ロー・プライス」がうたい文句の、同社のつよみである低価格路線も、進出先の市場環境（たとえそれが特殊な環境であっても）を無視しては通用しなかったということでしょう。

同じように、フランスの小売業・カルフールが日本で苦戦したのも、やはり細かい品ぞろえが求められるわが国の市場の特殊性に対応できなかったからだといわれます。

現場を知らない。あるいは、知っていても、それにフィットする努力をおこたっているのでは、市場から利益を得るのはむずかしいに決まっています。現場を知らずして、「もうかる経営」など不可能なのです。

できる社長は「人マネ」のメリットを知っている

世界に冠たるものづくり国家という時代が長かったせいか、日本ではオリジナル信仰が強いようです。とくに企業の技術者にはその傾向が顕著で、「どこにもないもので、だれもが欲しがるものをつくる」（稲盛和夫さんのことば）ことを誇りに、日々の仕事に精を出している人が少なくありません。

その心意気やよしです。しかし、いっぽうで、そうしたオリジナリティあふれるものがめったに生まれないことも事実です。たとえば、中村修二さんの青色発光ダイオード、山中伸弥先生のｉＰＳ細胞。そんな世界をおどろかせる、ノーベル賞級の発明や開発は十年にひとつあらわれればいいほうでしょう。

したがって、会社の商品開発でも、自社独自のオリジナル商品にこだわりすぎると、費用や時間ばかりがかさんで経営を圧迫することにもなりかねません。そういうときは「模倣」、つまりマネからはじめるのもひとつの方法です。

むかしの松下電器（いまのパナソニック）が二番手戦略によってマーケットを拡大したことから、「マネシタ電器」と陰口をたたかれたことがあります。

しかし、松下さんは、その「ヒット商品のかしこい後追い」手法を意図的に活用していました。新しい商品の売れゆきにたしかな見とおしが立たないときは、他社の先発商品の動向を見てからでも遅くない。そのかわり、参入と決めたら、先発企業にすぐに追いつけるよう超スピードで進めなくてはいけない——そんな意味のことを述べておられます。

他社が開拓したマーケットに後発で参入して、より安い、あるいは、より性能の高い商品を提供することで市場のシェアを広げる。こういうモノマネによる二番手戦略もひとつの成功ノウハウとしてきわめて有効なのです。

というより、模倣による市場の活性化は、血液の新陳代謝みたいにビジネスの世界でたえず起こっていることで、だから、よいものは積極的にマネしてみればいいのです。

日本のものづくりだって、最初は外国のマネからはじまっています。もちろん、模倣といっても、たんなるパクリではダメで、マネをしたら、それだけで終わらせず、そこに工夫や改良をくわえることが大切です。

その工夫改良によって、後発品が先発品よりもすぐれたものになれば、それはひじょうに有益で、価値あるモノマネとなります。市場やユーザーにも大いによろこばれ、会社に利益をもたらすことにもなります。

東レの本業である合成繊維も、最初は欧米で開発されました。ナイロンにしても、ポリエステルにしても、日本企業はその市場に後追いで参入したのです。

しかし、いつまでもモノマネに甘んじることなく、本家よりもはるかに細い（太い）繊維を開発したり、格段に品質を高めたりして、合成繊維の用途を拡大していった結果、欧米を追い越してしまったのです。

模倣が重要なのは商品だけではありません。トヨタのカンバン方式など、国の内外を問わず、どれだけ多くの企業にマネされたことでしょう。そうやって多くの企業が後追いで採用していった結果、それはムダをなくす世界共通の生産方式、経営手法として定着していったのです。京セラのアメーバ経営もしかりでしょう。

げんみつにいえば、一〇〇%オリジナルなものなど、この世に存在しません。どれほど独創的な製品にしても、先行するものから必ず、なんらかの開発のヒントを得ているはずなのです。青色発光ダイオードもiPS細胞もおそらく、その例外ではないでしょう。

その意味で、模倣からはじまらなかったものはないといえます。重要なのは、「プアなイノベーションよりも、すぐれたイミテーション」です。よいもの、マネしがいのあるものなら、どんどんマネしてみることをすすめます。

最終的な成功に向けて失敗の階段を上れ

かつて、パナソニックが「模倣」すべき対象としてベンチマークしたのは主にソニーでしたが、その世界のソニーも製品開発では数多くの失敗を経験しています。ビデオテープの時代、ＶＨＳに対抗して「ベータマックス」を売り出しながら、規格競争に完敗してしまった例などは、その典型的なものでしょう。

ほかにも、ＭＤ（ミニディスク）や小型メモリーカードなど、ビジネスとしては失敗した例が多く、その数はおそらく成功例をはるかに上まわっているはずです。

それでも、他社がやらない新しいことにチャレンジして、つねに市場の一歩先を歩む同社の進取の精神が世界中に熱烈なソニーファンを生み、その高いブランド価値を維持しつつづける要因となりました。成功が多いことではなく、失敗を恐れない、失敗にめげない企業姿勢がソニーを世界的企業に育てたといっても過言ではありません。

ソニーだけでなく、会社経営に失敗はつきものです。成功とはつまり、失敗という肥料を吸収して育った数少ない果実ではないか。そう思えるほど、世界的な企業であっても、その歴史は失敗の歴史の連続といっていいものなのです。また、

「現在の私が成功者といえるのなら、その土台を築いたのは失敗である。私のしてきた仕事は失敗の連続である」

これが本田宗一郎さんのことばであるように、成功した経営者で失敗に言及していない人もまずいません。

日本一の企業であるトヨタも住宅事業では苦戦中のようですし、いま日本で最強の経営者のひとりである柳井正さん率いるファーストリテイリングも、かつて野菜の通販ビジネスに失敗しています。アパレルメーカーがはじめた非アパレルの新規事業として注目されましたが、二年くらいで撤退の憂き目にあっているのです。

柳井さんご自身も失敗が多いことは認めていて、『一勝九敗』という本まで書いておら

れるくらいですから、失敗を恐れ、安定志向で無難に立ちまわるよりも、リスクを恐れずに挑戦するほうを選ぶ。失敗したら、そこから学んで、また新しく立ち向かう。そういう精神を大事にされておられるのでしょう。

「失敗のリスクのないところに利益はない」とは柳井さんのことばです。

失敗の山を築きながら、つぶれることなく生きのこっていく企業には共通点があります。致命的な失敗をしないことと、失敗から学ぶことです。

前者の致命的な失敗をしないためには、事業を進める場合のリスクはどこに、どれくらいあるのかを事前にきちんと調べておくことが大切です。また、うまくいかなかったときにそなえて、いつまでに、これだけの損失が出たら事業に修正をくわえる、あるいは事業から撤退するというデッドラインを明確に定めておくことも重要です。

果敢な挑戦と無謀な挑戦はちがいます。よく、「失敗を歓迎せよ」などといいますが、じっさいには失敗は失敗、ピンチはピンチであって、大きな損失につながる危険性を秘めています。歓迎するどころか、回避するのが本来です。

そのために、リスクは前もってできるかぎり正確に計算しておくこと。そして、失敗の傷口を大きくしないために修正・撤退の時期や基準をはっきりと決め、それを厳守することが大切なのです。すなわち、事前の準備と事後の対応によって失敗のコストを下げておくこと。それが致命的な失敗を避けるのに有効な方法なのです。

そのうえで、やると決めたら、結果の出るまでとことん実行すること。失敗者とは要するに、成功するまでつづけなかった人のことだ――この精神で徹底して取り組むことが成功を呼びこむことにも、また、会社がつぶれるような大きな失敗をしないことにもつながるのです。

エジソンが白熱電球を発明するまでには、万を超す失敗があったといわれています。白熱電球の最大の難関はフィラメント（線状発光体）で、エジソンはこれに最適な物質を見つけだすために、世界中に調査員を派遣しました。そして数千におよぶ候補物質を試し、ついに見つけたのが日本の京都でとれる竹だった――。

この有名なエピソードからわかるのは、失敗とはプロセスで起こることであって、最終結論ではないということです。最終的な成功をめざして失敗の階段を上りつづけていける粘りづよさが会社経営には求められるのです。

成功する経営者は失敗に学ぶことを忘れない

後者の、失敗から学ぶことの大切さはことさら強調するまでもないでしょう。

失敗というのは教訓の山です。何が失敗の要因であったのか、いつどんなミスを犯し、どこにどんな瑕疵《かし》がひそんでいたのか。そのプロセスを検証することによって、「失敗の本質」が浮かび上がってきて、つぎの失敗を回避する確率を高めることにも通じていきます。

失敗の味はにがいから、早く忘れるにかぎるという考え方もありますが、失敗をただ忘れて、省みないのはいかにももったいない。それは宝の山から目をそらして通り過ぎるようなものです。

失敗にまつわるイヤな気持ちは早く忘れたほうがいいが、なぜ失敗したのかはきちんと分析してみるべきです。それによって、計画と現実の誤差がより正確に測れるからです。

東レで営業課長をつとめていたとき、私もとんだ失敗を仕出かしました。ある地方の取引先に、通常のスペックに満たない強度の低い製品（原糸）を出荷してしまったのです。お客様はその糸を使って漁網をつくり、つくったあとで強度不足に気づきました。当然、「どうなってるんだ！」と怒りのクレームです。

私はとるものもとりあえず、すぐさまお客様のもとへすっ飛んでいき、謝罪のことばを重ねるとともに、すぐに正常な原糸を代替出荷することと、できあがった強度不足の漁網を市場価格で買い取ることを約束しました。

冷や汗もののミスでしたが、クレームを受けた翌日には解決法を提示していたすばやい対応に、先方の社長さんはいたく感心してくださり、「原糸メーカーにここまでしてもらったことはない。あんた気に入ったよ」と大いによろこんでくれました。

それだけでなく、その取引先は東レのほかにもいくつかの競合会社から原糸を仕入れていたのですが、よその仕入れぶんの一部をけずって、こちらへ割り当てることまでしてくれたのです。クレーム対応に出かけた私は、帰り道には自社のシェアを増やすという土産まで手にしていたわけです。

このように失敗も、その対応しだいでは、失敗という災いを転じて福となすことができます。そのために必要なのは、なんといっても「誠実さ」です。

相手の失敗に怒りをあらわしながらも、「さて、この失敗に対して、この男はどんな態度をとるのか、どんな処理をするのか」。それをお手並み拝見とばかり、内心で観察している人もいます。

ですから、ヘンな言い訳をしたりごまかしたりせず、失敗に対しては、素直な誠意をもって誠実な対応を心がけることが大切。それによって相手との信頼関係がぐんと増したり、以前よりも良好な関係を築くことが可能になるのです。

ちなみに、その漁網メーカーの社長さんとは、私が営業の現場を離れてからもつきあいがつづき、社長さんのお孫さんが私の出身大学を受験するとき、「孫を会社に行かせるから、佐々木さん、いろいろ相談に乗ってやってくれないか」と頼まれたこともあります。

後日、やってきたお孫さんにアドバイスらしきことをすると、それがおじいちゃんに伝わって、さらに私の株が上がるということにもなりました。ひとつのクレーム対応から、それだけ親しい、深い人間関係も築けるのです。

人間はミスの動物です。よりむずかしい仕事に挑戦したり、お客様の要望により高い次元で応えようとすれば、ミスをする確率はさらに高まります。しかし、その失敗に学んで、生かすことができれば、そこから得る収穫もより大きくなる。失敗を乗りこえることで、私たちは成長していくのです。

失敗のなかで最悪なものは、同じミスをくりかえすことでしょう。それは失敗から何も学んでいないことを意味するからです。

「クレームをよろこべ」

「ピンチはチャンスなり」

どっちもビジネス界の有名な格言（?）ですが、失敗から学ぶことなくして、ピンチがチャンスに変わることなどありえないのです。

いいときにゆるまず、わるいときにくさらず

あるコンサルティング会社の年配の社長さんが、「いいときにゆるまず、わるいときにくさらない。会社経営のコツはどうやら、そのへんにありそうですな」といっておられました。

コンサル会社というのは、好調と不調の波が大きい業種らしく、その社長さんはコンスタントに収益を上げることにずいぶん苦労させられてきたようです。

そうして長年、試行錯誤してきた結果、彼がつかんだ経営を安定化させる要諦。それが好調なときにも得意にならず、ゆるまない（おごらない）。不調なときにも落ちこまず、くさらない——つまり、業績のよしあしに左右されず、イーブンペースの経営を心がけるとい

うことだったのです。

たしかに、経営者も人間ですから、順調に利益が上がっているときには、ボーナスを弾んだり給料をアップしたりして、日ごろの社員のがんばりにこたえてやりたくなるのが人情というものです。

また、人手不足を解消しようと従業員の採用を増やしたり、好調な業績をテコに大型の設備投資をしたり、銀行からの融資枠を広げて他社のM&A（企業合併・買収）に乗りだしたりする。そんな上げ潮の対策にも前のめりになりがちです。

社員への利益還元をおこなって彼らの働きに報いることは、社員の士気にかかわるきわめて大事なことです。しかし、会社経営では、そうした好調時の過大な出費がのちに大きな（ときに致命的な）足かせとなって返ってくることが少なくありません。要注意です。

とくに危険なのは、大型の設備投資や人件費の増大による固定費の上昇です。景気後退などによって売り上げが減少したときに、この増大した固定費が会社の財務を圧迫することになるからです。

それが自己資金でまかなわれていれば、損失を出すだけですみますが、借り入れでまかかなっていた場合には、倒産の危機に立たされることにもなりかねません。

ですから、経営者は「景気がいいから」と必要以上に財布のヒモをゆるめることにはきわめて慎重でなくてはならないのです。

会社経営では、好調なときこそ、勝ってカブトの緒をしめるように、業績が下り坂になったときの準備をしておくことが大切。たとえば、従業員の退職金にそなえて積み増しをするとか、借入金を一括返済するなどして、不況期に会社の大きな負担になりそうな項目をあらかじめ排除、軽減する対策を立てておくのです。

そうすれば、いざ、業績が下り坂になっても、あわてて従業員の給与カットをしたり数を減らしたりする弥縫《びほう》策に走らなくてすみます。

いいときにもゆるまず、わるいときにそなえ、わるいときにもあわてず、いいときがくるのを待つ。こうした手法で「損を平準化（一定化）する」ことがイーブンペースの安定した経営を可能にするのです。

「不況になってから不況対策をするのでは手遅れだ、好況のときにこそ不況対策を考えておけ」

それがログセのようになっている経営者がいました。その人は、会社の業績が大きくダウンして存続の危機に立たされたとき、再建の役割をになって平取締役から社長へと大抜擢されたのですが、期待以上の手腕を発揮して、業績をV字回復させました。

その後、会社はさらなる上げ潮に乗っていくことになりましたが、彼はその好調時に「本業重視」の方向性を打ちだしたのです。

不況期に、「足もとを見つめる」原点回帰の意味で、本業重視を強調する会社は多いのですが、好況期にそれをいう会社はあまり例がありません。景気のいいときには、多角化など事業拡大の方向にハンドルを切るのがふつうだからです。

しかし、その経営者は、上り坂の時期にあえて「本業をおろそかにするな」という号令をかけたのです。そこには、景気がいいからといってゆるむな、うわつくな、おごるなといういましめの意味もあったでしょう。

いいときにこそ、自分たちのアイデンティティであり、強みでもある本業の大切さを再確認し、そこにさらに厚みをくわえておく――この経営感覚の鋭さに私はいまでも感心させられるのです。

つねに「プランB」を用意しておく周到さが必要

事業というのは、はじめるのはやさしいが、やめるのがむずかしいものです。当初の計画どおりに進まず、利益も思うように出ないことがかなりはっきりしてきてからも、いったんはじめた以上は、途中でなかなかやめられないことが多い。

せっかくここまでプロセスを積み上げてきたし、なにより少なくない資金も投入してきた。いまさら撤退するのはもったいないし、もう少しがんばればうまくいくはずだ——こういう心理が働いて、赤字の事業をズルズルとつづけて、損失を大きくしてしまうケースが少なくないのです。

この事態を避けるには、さきほども述べたように、撤退の意思決定に迷わないよう、事前に、いつ、どんな状態になったら、どういう判断基準でやめるか、その撤退ポイントを明確に決めておくことが肝心です。

また、当初の想定どおりに行かなかったときの、代替案をあらかじめ設定しておくのも効果的です。

プランAだけでなく、プランBも用意して、不測の事態にそなえておくやり方ですが、これをビジネス用語ではコンティンジェンシー・プランといいます。予期しない事態にそなえて、緊急時の対応計画をあらかじめ決めておくことです。


私は経営企画部に在籍していた当時、大幅に収益の悪化していた経営の再構築を手がけた経験があります。そのとき各事業部から今後の売り上げ目標計画を提出してもらい、それらをトータルすることで、会社全体の売り上げを一年目にはいくら、二年目にはいくら、三年目でいくらまでアップさせるという中期的な再建計画の骨組みができました。

しかし、それぞれの計画内容をよくチェックしていくと、「この数字を達成するのはちょっと無理だろう」「ここはもっと上積みできるはずだ」という修正点がたくさん出てきます。

そこで、私たちはその修正点をさらに精査することで数値をより正確化し、それを総合的に積み上げました。すると、当初の目標値をおよそ2割程度下まわる——より現実味のある——プランが弾きだされてきたのです。

かりに前者の計画をプランAとし、後者の計画をプランBとすれば、本来なら、プランBのほうが代替案＝コンティンジェンシー・プラン、すなわち当初の計画が未達成だった場合の修正案や対応策に相当するわけですが、この場合、経営陣は経営企画部が上げた精査後のプランBを正式な計画案として採用し、対外的にもおおやけにしました。

そのいっぽうで、各事業部に対しては、あくまで彼らが自分たちで立てた数値の高いプランAのほうをそのまま達成すべき目標とさせたのです。もちろん、最初からプランBの低めの目標設定でよしとすれば、現場の緊張がゆるみ、意欲も低下してしまうからという「経営的思惑」があってのことでしょう。

結果的に、この再建計画の現実の数字はほぼプランBの示したとおりに推移しました（それはたまたまそうなったのですが）。

このように、経営の計画というものには、つねに修正案や代替案が欠かせません。予算のつく短期計画においても、状況の変化によって、予算が上張りしたり下張りしたりすることはしょっちゅうあります。そういうときに、当初のプランAに固執しすぎると、事業を修正するタイミングを失って、損失を拡大させてしまうことにもなります。

また、会社経営においては、投資、コスト、売り上げ、利益などの数字を正確につかむことがきわめて大事ですが、その数字の詰めが甘い経営者も少なくありません。自分たちに都合のいい数字にもとづいて経営計画を立てているようなケースです。

しかし、そんな数字感覚のずさんな楽観論だけでバラ色の計画を立てることはひじょうに危険です。経営にかぎらず、ビジネスの世界では、本命のプランAのほかに、よりシビアな数字で詰めたプランBというコンティンジェンシー・プランを、いわば「裏メニュー」として準備しておく周到さが必要なのです。

私も現役時代、仕事の見通しを立てるときには、楽観プラン、悲観プラン、中間プランの三つのパターンを用意することを原則としていました。

そうして、プロセスの進捗状況を見て、必要とあらば、当初の計画に絶えず修正をくわえながら、最終的には、最低でも悲観プランを上まわる結果を出すことを心がけたのです。

本業という屋台骨をおろそかにして成長はない

　伸びざかりの新興企業がM&Aをくりかえして、短期間で規模を拡大させるという経営手法があります。

　業績の思わしくない会社を安い値段で買収して自社の傘下におさめ、思いきった業種の絞りこみやリストラによって経営改善を進める。それをつぎつぎにおこなうことでグループ全体の売上高や時価総額を急速に高める。そんなやり方です。

　短い期間で結果を求める米国流の、ダイナミックといえばダイナミックな経営手法ですが、こうしたM&Aを多用した急激な拡大路線によってつまずくケースもまた少なくありません。

名前を出して申しわけないのですが、かつてのライブドアやＵＳＥＮ（以前の有線放送です）などは、その手法が不調に終わった例といえましょう。また大企業でも、東芝などは行きすぎたＭ＆Ａが経営悪化を招く一因となってしまったようです。

最近も、ある大手のトレーニングジムの運営会社が――本業は好調であるにもかかわらず――グループ全体では赤字を出したというニュースが報道されていました。

印象的なテレビＣＭでも有名になったこの会社は、「毎月平均一社」を目標（？）に、衣料品や和服の販売会社、ＣＤ販売会社、出版社、新聞社など、本業とはあまり関連のない（したがって買収効果も上がりにくいと思える）会社までつぎつぎにＭ＆Ａの対象にして、いっときは連結売上高が数年で七倍超にまでふくらんだそうです。

しかし、そうやって子会社が増えるとともに、買収後の経営改善が思うように進まないケースも増大して、それらが全体の収益の足を引っ張って、結局、赤字に転落してしまったというのです。

今後はＭ＆Ａによる拡大路線は凍結して、本業を中心とした成長産業に集中する旨の発表がありましたが、これなども規模拡大を急ぐあまり、足もとの本業をおろそかにしたことのツケがまわってきた結果といえそうです。

会社にとって、「本業」とは何か。それは「自分たちは何でメシを食っているのか」という経営の原点です。企業活動をささえる屋台骨であり、他社との差別化も図れる自社の「強み」でもあります。

その本業をなおざりにして、会社の継続的な成長はありません。自分たちのメシの種を軽視したり、見失ったりして、畑ちがいの他の分野や業種に目移りするだけでは、その拡大路線がうまくいくはずがないのです。

売り上げが伸び、規模が拡大して、会社が多角化の道を進むときでも、おれたちは何でメシを食っているのか、自分たちの強みは何かという本業を忘れてはいけないのです。

東レは旧名を東洋レーヨンといったように、もともとはレーヨン（再生繊維）をつくる会社でした。しかし、レーヨンがふるわなくなったとき、アメリカのデュポンからナイロン（合成繊維）の特許を買ったのです。

その金額は、東レの当時の資本金の数倍もの値段でしたから、周囲から「気は確かか？」といわれたほどの、それは社運をかけた投資でした。

そして、懸命に研究開発をつづけた結果、そのナイロンが爆発的に普及し、いろいろな製品にも応用されて、一大成長産業となったのです。その後、ポリエステルやアクリルも手がけるようになり、これら合成繊維事業が東レをささえる柱、つまり本業となっていきました（社内では、合織が「祖業」ともいわれました）。

やがて、その合成繊維の市場も成熟してくると、「合織はもう時代遅れ」という声が出てきて、ライバル会社は脱繊維の動きを見せるようになりました。

じっさい、東レ社内でも脱繊維の声は聞かれました。しかし国内では飽和状態でも、世界的にはまだまだ成長の余地は大きいとの判断から、海外展開を中心に、東レは合成繊維という本業を大事にする姿勢を失いませんでした。

その選択が吉と出たのか、同じ繊維技術の応用から、やがて有望な素材がつぎつぎに生まれてきました。たとえばナイロンを使った樹脂、ポリエステルから開発されたフィルム素材、アクリルを焼くことから生まれた炭素繊維などです。

こうした繊維技術の工夫や発展から生まれた新素材が、時代の変遷のなかにありながらも、それぞれ大きな市場をつくりだしていった結果、いまでも繊維事業は東レ最大の収益の柱でありつづけています。

もし、脱繊維がいわれた時代に、安易にその流れに乗り、本業を捨てて他の産業に乗りかえるようなことをしていたら、どうだったでしょう。おそらく、いまの東レはなかったはずです。

会社経営にも「不易と流行」があります。時代の流れとともに変えるべきものと、変えてはいけないものがあるのです。

会社の原点であり、強みであり、自分たちのメシの種でもある本業は不易のもの、かんたんに変えたり、捨てたりしてはいけないものです。そのときどきの短命な流行に目移りして、大事な不易を見失ってしまうのはおろかなやり方だといわざるをえません。

会社の成長につれて祖業と本業は分離していく

会社が最初にはじめた事業を「祖業」、収益の柱となる事業を「本業」とすれば、創業当初はそのふたつがイコールであることが一般的です。

しかし、会社が成長していくにつれて、この祖業と本業が分離していくケースも出てきます。東レでいえば、祖業はレーヨンですが、時代の変遷とともに、ナイロンやポリエステルなどの合成繊維を本業として規模の拡大を図ってきました。

時代を超えて成長していく会社は、祖業にこだわらず、そのつど伸びる事業やもうかる事業を手がけて、新しい中核事業＝本業として育ててきた歴史をもっているものなのです。

たとえば、花王は石鹸が祖業ですが、生活用品の総合メーカーとして大きくなってきました。世界有数のタイヤメーカーであるブリヂストンの祖業は地下足袋の製造でした。トヨタ自動車にしても、もともとは織物を機械で織る自動織機の製造が発祥です。

しかし、自動織機の発明で功なり名をとげた豊田佐吉は晩年、アメリカに行ったとき、「つぎの時代はあれをつくれ」と自動車を指さしたといわれています。その選択こそはトヨタが織機というローカルな祖業から、自動車というグローバルな本業へと飛躍するきっかけになった選択といえましょう。

このように、伸びる会社というのは、そのつど時代、環境の変化にあわせて――好むと好まざるとにかかわらず――祖業とは異なる（あるいは祖業の発展形として）新しい事業を選び、それを会社の柱となる本業に育成していくものです。

その点では、本業がやがて祖業を離れていくのは、会社が大きく伸長していくときに必然的に起こる自然の流れであり、成長のあかしともいえそうです。

ですから、前項と矛盾するようですが、会社は必ずしも、「それがわが社のアイデンティティだから」という理由で祖業や本業にこだわる必要はありません。

もし、祖業や本業が時代とあわなくなって陳腐化したり、収益が出なくなって行きづまったりしたときには、生きのこりをかけて、異なる分野へ打って出る。あるいは自分たちの技術や強みを生かせる近い分野に稼げる事業を確立するなどして、それを新しい本業へと成長させていく必要があります。

古い話ですが、米国で鉄道が発達したとき、多くの馬車が姿を消していきました。鉄道が出現する以前の主たる移動手段は馬車でしたから、本来なら、馬車会社(?)が自分たちの業種の延長線上に鉄道を発明したり、運営したりすべきだったといえましょう。

しかし、おそらく馬車産業に従事する人びとの多くは、自分たちの本業は「馬で人やものを運ぶこと」だといった程度の認識しかなかったのでしょう。だから、新しい時代の移動手段としての鉄道を発想することができなかったし、鉄道が出現したときにも、その重要性や将来性をほとんど理解できなかったにちがいありません。

時代の流れを読む目をもてないまま、祖業にこだわり、本業にしがみついた結果、馬車産業は時代に取りのこされてしまったのです。

これは現代にも通用する話で、かつてのソニーは洗練された、進取的な家電メーカーという企業イメージが強い会社でした。しかし、現在のソニーの収益事業はゲームや金融(生命保険）分野に移っています。家電事業はもはやソニーの本業とはいえなくなっているのです。

これからの時代は、こうした「本業の陳腐化」がもっと早いスピードで進んでいくでしょう。たとえば、車の主流がガソリン車から電気自動車へと移行し、IoT（モノのインターネット化）の進展によって自動運転車が普及すれば、自動車メーカーのライバルはグーグルやアマゾンなどのIT産業になるといわれています。

また最近では、無料通信アプリの運営会社が大手銀行と組んで、銀行業に参入するというニュースも耳にしました。

こういう変化のめまぐるしいときには、本業の陳腐化も速度を増していきます。ということは、祖業や本業にこだわる理由もまた希薄になっていくということです。

時代の流れを読んで、「もうかる事業」に経営の重点を上手に移していく。それができる先見性と柔軟性が経営者には要求されるのです。

「あすのメシが食える」新事業をさがしつづけろ

経営者が短期に追求しなくてはいけないのは会社の利益を最大化することですが、それと同時に、中長期でどういう事業を手がけ、伸ばしていくかということもつねに考えていなくてはいけません。

いまの本業をつづけているだけでいいのか。その本業でこの先、二十年、三十年と会社を維持、成長させていけるのか。他に「新しい本業」となりうる有望な新規事業はないか。新しい時代の「もうかる事業」は何か――社長はそうしたことを絶えず自問し、模索する必要があるのです。

私が大学を卒業したころ、就職先として学生に人気のあるメーカー企業のベスト3はトヨタ自動車、松下電器、東レの三社でした。当時、製造業の三種の神器などともいわれましたが、それから何十年かがたって、それぞれの売り上げ規模にはトヨタ二十八兆円、パナソニック八兆円、東レ二兆円と大きな差が生まれています。

この差はつまるところ、「何を本業に選んだか」の差であるといっていいでしょう。つまり、会社の中核事業にトヨタは自動車を選び、パナソニックは家電を選び、東レは繊維を選んだ。その結果なのです。

したがって、自社が将来的にも「もうかる会社」でありつづけるために、経営者はいつも中長期の視点に立って、事業の拡大（絞りこみ）や本業のシフトなどを視野に入れておく必要があります。

「いまの本業だけで本当にいいのか」

「この先、『食える事業』は何か」

そういう意識を、つねに危機感として、しかも持続的にもっていることが経営者には求められるのです。

トヨタほどの大企業にも、この危機感は強くあり、同社は新しい事業の開拓に以前から貪欲でした。たとえば同グループに豊田通商という商事会社があります。それはトヨタが、「このまま自動車をつくりつづけているだけでいいのか」という危機感にうながされて、商社という流通事業に新しく進出した例といえます。

私は東レ時代、この豊田通商ともつきあいがありましたが、トヨタが商社を手がけると聞いたとき、東レ内部の反応はじつは、「片手間の事業で本業の商社に勝てるわけがない」といった冷ややかなものでした。

しかし、その後、同社はだんだんと力をつけて、いまは大手の商社に準じる業績を上げるまでになり、グループ内部でも重点事業に成長しています。トヨタに中長期的に先を見る目があったことの一例といえましょう。

まして、前項でも述べたように、現在のような変化のめまぐるしい時代には、市場にはどんなことが起きるのか予想がつきません。きのうまでお得意様だった取引先が、きょうから競争相手になることだってあるのです。

これは私がじっさいに経験したことで、東レでポリエステルを担当していたとき、当時の最大のユーザーはＹＫＫでした。ご存じのとおり、ファスナー製造で世界的に有名な会社です。

このＹＫＫがあるとき、自分たちでポリエステル製品をつくりだしたのです。東レから買う量があまりに多いことから、おそらく、自分たちでつくったほうが効率的だと考えられたのでしょう。そのときからＹＫＫは東レのライバルとなりました。きのうまで大きな顧客だった取引先がきょうから競合相手に変身してしまったのです。

同じように、東レが素材を提供していたブリヂストンが、タイヤづくりのノウハウをいっしょに考えないかと東レに提案してきたこともあります。

このとき、ブリヂストンが大のお得意様であったことから、東レの営業部は「この話は断れない。こっちの技術も提供してくれ」といったのですが、技術部は「技術が流出したら先方にやられてしまう」として、がんとして首をタテに振りませんでした。

こういう例は生き馬の目を抜く企業社会にはゴロゴロしています。同業他社以外からもライバルは生まれてくるし、競合会社と手を組むことだって増えてくる。きのうの敵がきょうには友になり、きょうの友もあすには敵に変わるのです。そんななかでは、いまの本業が将来もずっと安定した本業でありつづけてくれる保証などどこにもありません。

だから、ウチは米屋だからといって、お米ばかり売っていてはダメなのです。いまどきお米をお米屋さんで買う人のほうがめずらしいでしょう。酒屋さんも同じです。

それが祖業だから、本業だからつづけるという保守的な経営姿勢は、好むと好まざるとにかかわらず、もう通用しないと考えるべきです。

経営者はいつも中長期の視点に立って、「あすのメシが食える」新事業の種をさがし、それを中核事業へと育てる努力を怠ってはならないのです。

「次世代の中核事業」は周辺分野に生みだしやすい

かつて、カメラ機能がついた携帯電話が登場したとき、デジタルカメラをつくっている某会社の技術部長が鼻で笑ったというエピソードがあります。

「あんなものはオモチャです。性能の点で、ウチの製品の足もとにもおよびません」

たしかに技術面では、それほどまちがった見とおしでもなかったのでしょうが、その後の市場の広がりは、この技術部長さんの見とおしとは反対のプロセスをたどりました。

その後、携帯電話のカメラ機能が向上していったこと、ユーザーが携帯のカメラにはメモ代わり程度の手軽さを求めて、さほど高度な性能を求めなかったことなどの理由によって、携帯カメラのマーケットは爆発的に拡大していったからです。

このことは、あなたの会社の本業をおびやかす製品やサービスはいつでも、どこからでも、思ってもみないところから登場してくること。したがって、いまもうかっているからと油断したり、本業にあぐらをかいたりしてはいけないこと――そのよき教訓となるはずです。

会社の新しい柱となる新事業を考えるとき、参考になるのがブルー・オーシャンの戦略です。多くの競合企業によって激しい競争がくり広げられている既存の市場をレッド・オーシャンと呼ぶのに対し、競争のない未開拓の市場をブルー・オーシャンといいます。

強力な製品を開発して、このブルー・オーシャン市場を新しく発見、開拓できれば、そこに競合相手は存在しないのですから、それは自社にとって、きわめて有望な中核事業となりうるでしょう。

ただ、それだけにブルー・オーシャン市場には、①新しくて未開拓の市場はめったに見つからない、②競合が参入してきてすぐにレッド化してしまう、といったむずかしさもあります。

そこで着目したいのが、自社が手がける既存事業の延長線上や周辺分野に――つまり自分たちの手もちの経営資源が活用しやすい分野に――「新しい本業」の芽をさがす方法です。

たとえば、鉄道会社だったら観光事業、あるいは豊富な所有不動産（駅ビルやデパートなど）を利用したテナント業や小売業です。こうした経営資源を生かせる周辺分野に事業展開することで、本業の鉄道のほうは赤字でも、全体として収益を上げている鉄道会社は少なくありません。

製造業であれば、独自の技術や設備、特許などの知的財産といった、他に活用できる経営資源を少なからずもっているはずです。それを生かして、いま現在、展開している事業の近くに新しい、ブルー・オーシャン的な有力な事業をつくりだすのです。


私はヤマト運輸がはじめた宅配便事業も、この「周辺（同一）分野に新業態をつくりだす」手法の大きな成功例だと思っています。

というのは、かつて物流産業は企業間の商業運輸が主流でした。ヤマト運輸も以前は、デパート配送を中心とした業務用事業を「本業」としていました。しかし、その商業運輸が不振になってピンチを迎えたとき、社長の小倉昌男さんが思いついたのが、少量で小口の個人向けの宅配事業だったのです。

それまでの大口の企業顧客を中心とした物流事業のなかに、一般家庭向けの小口の荷物を一個からでも引き受けるという新しいビジネスモデルを発想したわけですが、前例のないことですから、周囲から「そんなものは商売にならない」と批判されたのも、当然のなりゆきといえます。

しかし、前例がないということは裏を返せば、そこが競合相手のいないブルー・オーシャン市場であるということです。この小倉さんの発想にいかに先見の明があったかは、現在の宅配便事業のおそろしいばかりの隆盛を見ればあきらかでしょう。

同じ物流産業のなかに、だれも考えつかなかった「個人宅配」という分野を見出して、自社の中核事業に育てあげるとともに、それを新しい業態として市場に確立させた。その点で、ヤマト運輸の宅配便事業はすぐれたイノベーションとして特筆すべき例だと思います。

いま、同様に隆盛を誇るコンビニエンスストアもそうです。わが国のコンビニ事業はご存じのように、鈴木敏文さん率いるセブン-イレブンが先鞭《せんべん》をつけたものですが、同社はスーパーのイトーヨーカ堂を母体に生まれてきました。

つまり、それまでの本業とは異なる分野に新事業を展開したのではなく、同じ小売業のなかで起きた変化なのです。

このように、有望な新規事業というのは既存事業の延長線上や周辺分野に「派生」しやすいものです。

したがって、「次世代の中核事業」や「新しい本業」となりうる新事業を考える場合、まったく未知の分野に打って出るよりも、手もちの経営資源が応用できる近い分野に、その種をさがすほうが成功の確率は高まるといえましょう。

以上の話に関連して、新聞で読んだ話を本章の最後に紹介しておきましょう。

プラスティック製のストロー製造で国内シェアの半分を占める企業が岡山県にあります。社員五十人ほどの小さな会社ですが、いまプラスティック製のストローは海洋汚染の元凶とされて、マクドナルドなどの外食大手が使用中止を検討するなど逆風を受けています。

この会社のお得意は小口客なので、その影響はさほど大きなものではないようですが、それでも脱プラスチックの時代に向けて、しっかりとつぎの手を打っています。

そのひとつが、医療用・工業用ストローの製造で、既存の技術を医療用に転用すれば、注射針のカバーなどは比較的かんたんにつくれるのだそうです(面白いことには、この会社はストローのまえはそうめんをつくっていたといいます)。

このように、自社の技術を応用することによって「つぎの本業」を育て、何とか会社を存続、成長させていこうとする中小企業の汗と涙の奮闘ぶりを見ると、つい「がんばれ！」と応援したくなるのは私だけではないはずです。

CHAPTER

3

THE FASHION OF THE PRESIDENT

第三章　「人を育てる」社長の技法

社員に話を聞かせるよりも、社員の話を聞いてやれ

社員が気持ちよく働ける職場環境をつくることは経営者の大きな務めです。それは社員の意欲やスキルの向上にもつながる人材育成の大事な条件なのです。

あるＩＴサービス会社では、他社との合併を機にオフィス・スペースを二倍に広げたほか、社内に食堂をつくったり診療所をもうけたりして福利厚生の施設も充実させ、社員が働きやすい環境を物理的にととのえることに注力しました。

社員にも「働きやすくなった」と大好評で、彼らのモチベーションは高まり、また、その環境整備によって会社が「日本一社員を活かす会社」として表彰されたことが評判を呼んで、外部からいい人材が集まってくるようになったといいます。

もちろん、職場環境というのは、こうした物理的環境だけを意味しません。社員にとっての働きやすさには、心理的な要因も多くふくまれているのです。

十年ほど前、大手の広告代理店から独立してデザイン会社を設立したWさんは、社員の生活が自分の肩にかかっている責任感からか、仕事の一から十まで、トップである自分が決めて、社員の意向や意見にあまり耳を傾けないタイプの経営者でした。

社員が作成する企画書には文章の「てにをは」にいたるまで細かく口だしをしたり、クライアント向けのイベント内容に直前になってやり直しを命じたり、社員の決めたことを社長の一存でひっくりかえすことも多く、彼はそういうワンマンぶりを、リーダーシップと勘ちがいしているようなところがありました。

Wさんの会社はけっして労働条件のわるい会社ではありません。業績もいいので、給料は同規模の会社を上まわる水準の金額を出していますし、彼のポリシーで残業も少ない。それでも社員の満足度は低く、不満を抱えたまま会社を辞めていく社員もいました。

あるとき、「たしかに残業は少ないが、働きがいも少ない」と、若い社員から面と向かって不満をぶつけられたWさんはひどくショックを受けました。しかし、そういわれて思いあたることも多々ありました。

社員の給料を自分ががんばって稼ごうとするあまり、仕事の細かい部分までくちばしを入れて、社員が自主的に意思決定する機会を奪っていたのではないか。そのことが社員を委縮させ、彼らのやる気ややりがいまで奪っていたのではないか――Wさんには社員の不満の正体がやっとわかってきました。

それからは、つい口をはさみたくなるのをこらえて、社員の意見にできるだけ耳を傾けるよう心がけました。自分は仕事の大きな方向性だけを示して、あとはできるだけ部下にまかせ、彼らから自主的な提案が出てくるのを待つようにもしました。

こうしたトップの変身によって、社内の雰囲気は見ちがえるようによくなりました。のびのびと活気のある、風とおしのいい職場環境が形成されて、社員のあいだからもいろいろ自由な意見やアイデアが活発に出るようになっていったのです。

社長の話を社員に聞かせるのではなく、社員の話に社長が耳を傾ける。このコミュニケーションのベクトルの百八十度の転換、ただそれだけで、社員が働きやすいと感じられる職場環境の下地が心理的にととのえられたわけです。

コーチングとは「支援する」ことであって、「教える」ことではないといいます。しかし上司は部下に、ベテランは新人に、つい、あれこれ手取り足取り教えたくなるものです。でも、仕事においては総じて、教える側にとって気持ちのいいことは教わる側の苦痛を呼びおこし、やる気をそぐことにもつながりやすいもの。社長の「快楽」は社員の不満、不服のもとなのです。

その社長と社員のあいだの心理的な垣根が、社員にとっての働きやすい環境をそこね、さらには部下を育てることの障害ともなるので要注意です。

部下との心理的な距離をちぢめるよい方法

社員とのあいだに心理的垣根をつくらないためには、当たりまえのことですが、コミュニケーションが大事になってきます。彼らとの信頼関係もそこから生まれてきます。

私も現役時代は部下の話を聞くことにずいぶん心を砕いたものです。それは三十代はじめのころ、事業再建のために出向した子会社での経験が大きく影響しています。

そのとき、私もふくめた十数人がつぶれかけた子会社の建て直しに本社から派遣されたのですが、派遣先の社員から見れば、私たちはいわば「進駐軍」です。したがって、いばろうと思えば、いくらでもいばれる立場にありました。じっさい、ちょっと傲慢な態度で出向先の社員に接していた人もいないではありませんでした。

しかし、私は若いこともあって――そこには自分よりも年上の部下もたくさんいましたから――ともかく彼らとのコミュニケーションを大切にしようと心がけました。まずは彼らとたくさん話をし、彼らの話にもよく耳を傾けて、心理的距離をちぢめることに腐心したのです。

話を聞くなかで、彼らから出てきた意見や要望を上部に伝えて、できるだけ実現できるよう具申することも忘れませんでした。もっとも、じっさいに実現できる要望は一部にすぎませんでしたが、大事なのは結果よりも、私が「話を聞く」よう努めたという、そのプロセスです。

なぜなら、そうすることによって社員のあいだには、「あの人は、おれたちの声を聞いてくれる。おれたちの声が通るよう、上にも働きかけてくれる」という評判が立ち、それが私への信頼感や上司としての評価にもつながっていったからです。

社員からすれば、「自分の話を聞いてもらえた」「それを上に働きかけてもらえた」という事実が重要で、その事実があれば、最終的に自分たちの意見が通らなかったとしても、彼らはじゅうぶんに納得してくれるものです。

そして、そのことが上司への評価や信頼を形成もすれば、彼らのモチベーションを上げる要因にもなるのです。

この体験は私にとって小さくないものでした。その後、本社へもどってからも、ともかく部下の話には坦懐《たんかい》な気持ちで耳を傾けるべし。上司は話すよりも聞くことに重点を置くべし。そういうことを部下に接するときの大切な心得として自分に課すようになったのです。


おなじ出向時代に、こんなこともありました。私は彼らの話を聞く手段として、よくいっしょにお酒を飲みにいっていました。彼らは給料をカットされているし、ボーナスも出ない身の上ですから、その飲み代はほとんど私が払っていました。

代金は経費として、あとで会社へまわせばいいのですが、まだ三十代で若く、出向先の事情もよく知らない私は全部自腹を切っていたのです。

その金額が百万円近くになり、個人的な貯金も底をつきかけて、「さて、こまったな」となってはじめて私は上司に相談をもちかけました。上司は「なんで早く、会社にまわさないんだ」とあきれて、すぐに相応の処理をしてくれました。

この話が経理部を通じて社内に流れたのです。佐々木が社員を飲みに連れていっているらしいが、その飲み代がまったく総務にまわってこない。どうやら全部、自分で払っていたらしい。上司からいわれて、やっと伝票を出したらしい。
そんなウワサが千里を走って(?)、それから周囲が私を見る目がずいぶん好意的に変わったのをおぼえています。

この一事も出向先での私の評判を上げる役割を図らずも果たしてくれたのですが、それ以上におどろいたのが、それ以降、いろいろな情報が私の耳に入ってくるようになったことです。

多くの人が私を信用できる人間だと認めてくれたからなのでしょう、社内外のさまざまな情報が――重要なものからきわどいものまで――私に集まってくるようになり、私の上司たちも、希少な情報については、私から仕入れることが多くなっていったのです。

私は私でたくさんの情報を振り分けて、伝えるべきものは伝えるべき人に伝え、伝えないほうがいいと判断したものは伝えないというように、うまくコントロールしながら情報を流すようにしました。

すると、そのことがまた、「あの人は情報のあつかい方を心得ている」という評判につながり、私の株を上げてくれることにもなったのです。

周囲からの信用が得られ、たくさんの情報が入ってくれば、当然、自分の仕事もやりやすくなり、成果の上がりやすい環境も整備されることになります。この好循環が仕事へもたらす波及効果は小さくないものでした。

このように、部下の話をよく聞くことが彼らの心理的垣根をとりはらい、上司との信頼関係の構築に寄与することは組織社会ではめずらしくありません。組織の上に立つ者は話すよりも聞くことに、より重きを置くべし。重視すべきは、口よりも耳であると心得るべきなのです。

社員が集まる「場をつくる」ことも大切な役割

稲盛和夫さんの京セラでは、「コンパ経営」などと銘打って、多くの社員がお酒を飲みながら、たがいの心理的な壁をとりはらって、かんかんがくがく議論するのが社風になっていると聞きます。いわゆる、飲みニケーションというやつです。

そうしたインフォーマルな、熱っぽい交流の機会も「昭和の遺物」として若い人から敬遠されていたようですが、いままた企業社会で復権の機運があるといいます。

ただ、そんなコミュニケーション術も、テクニカルな人心掌握法とか信頼獲得術の側面がつよすぎると、そこに部下の歓心を買いたい上司の下心のようなものが透けて、かえって逆効果になるおそれがあります。

「社員との交流の機会をもうける」などとかた苦しく考えず、たんに、そのための「場」を用意するのも上司の仕事のうちくらいに軽く考えるほうがいいのかもしれません。

私も出向時代、社内にテニス部をつくったり、社内報を発行したり、夏祭りを企画したり、忘年会を開いたり、あれこれ仕掛けをしましたが、みんなが楽しめる親睦の場を用意するのが第一目的で、それによって彼らの信頼を得たり、モチベーションが上がったりしても、それはあくまで副産物にすぎませんでした。

本社へもどってから、部下のプライベートな相談に乗る機会が多かったのも、彼らの心配ごとを少しでも軽くすることが心理的に働きやすい環境づくりに役立てばと考えたからにほかなりません。

なかには、部下のプライベートにはよくもわるくもいっさいタッチしないというタイプの上司もいて、個人情報の保護がしきりにいわれる昨今では、それもひとつの見識なのでしょう。

しかし、私は社員が仕事を離れて気軽に集まったり、悩みや相談ごとを口にできるようなカジュアルな「場」を提供することも、やはり組織を率いるリーダーの大きな役割のひとつだと考えています。

もちろん、場をつくることの大切さはオフィシャルな仕事の場面でもおなじです。たとえば、いい知恵やアイデアが出てこないというとき、社長がひとりで「ああでもない、こうでもない」と悩んで、自分の頭のなかから無理にひねりだそうとするよりも、社員にも参加してもらって、みんなで意見や知恵を出しあうブレーンストーミングの場をもうけたほうが、ずっと効率的に所期の目的を達成できるはずです。

みんなで議論すれば、十人いるうちのひとりかふたりは必ず、新奇な発想をする人、他とは異なる知恵を出す人が出てきます。すると、

「たしかに、そういう考え方もありだな」

「いまのはグッドアイデアだな。でも、こういう工夫をくわえたら、もっとよくなるんじゃないか」

といったように、そこにさらにプラスアルファが上乗せされて、より議論が深まり、アイデアの質も高まっていくからです。衆知を集める場をもうける。それはリーダーに課せられた重要な仕事といってもいいでしょう。

人間の知恵は無尽蔵なところがあって、必死に考えていれば、何かひとつやふたつは新しいアイデアやいい意見が出てきます。それが何人かの考える集団となれば、そこに生まれてくるのは文殊の知恵に近いものとなるでしょう。

そもそも会議やミーティングがなんのためにあるのかといえば、意思決定のほかに、合意の形成や情報の共有などにも目的があります。そのためには、できるだけ多くの人間が集まって、同等の立場で考えや意見を活発にやりとりすることが望ましい。

社長の意見も平社員の意見も、おなじひとつの意見として尊重し、上に立つ者の総合的な観点、現場を知る者の専門的な見方、さまざまな意見がぶつかりあい、修正されあった結果、「これでいこう」という結論にたどりつき、それが組織としての意思決定となり、全体の合意が形成され、みんなにも情報が共有される——。

こういうことが可能なら、その結論は必ず、単独や少人数だけで決めたものよりもずっと、よく練られた、いい結論になるはずです。

理想論に近いかもしれませんが、そんな対等な意見交換の場をつくること。また、それを可能にする闊達な空気を日ごろから社内につくりあげること。それは組織のトップに立つ者の究極の役目といえるかもしれません。

民主的すぎてもリーダーシップは機能しない

私の知人に、なるべく「部下を社長室に呼びつけない」ことを実践している経営者がいます。不明や疑問の点がある場合、部下を自分の席に呼ぶのではなく、自分のほうから部下のところへ出向いて、「これはどういうこと？」とたずねたり、教えを請うたりするのです。

相手が課長や係長であっても、それが財務のことであろうと技術に関することであろうと、自分がわからないことはわかる人間に聞く。わからないことを教えてもらうのだから当然、自分のほうから出向くべきである。こういう考え方にのっとってのことです。

「社長の私がみずから疑問点を聞きにいけば、社員はうれしいだろうし、ちょっとほこらしくもあるだろう？　だから、よろこんで教えてくれるし、ちょっとしたコミュニケーションにもなるよ」

なるほど民主的なやり方で、社長の椅子にふんぞりかえっているよりも、部下の信望はずっと厚いものとなるでしょう。

しかし、私はこの人とは少しちがった考え方をしています。ひとことでいえば、あまり民主的すぎてもリーダーシップは機能しないと考えているのです。

なぜなら、組織社会にはおのずと「秩序」があり、その秩序を破壊してしまうほどの民主性はむしろ組織に害をおよぼすと考えるのです。

私はサラリーマン人生の晩年を、東レの子会社である東レ経営研究所というところで過ごしました。そこで私にとって最初で最後の「社長」を務めたのです。

社長職に就いたとき、私は社長室のドアをオープンにすると宣言しました。「ドアはいつも開いているから、何かいいたいことや聞きたいことがあったら、やってきてほしい。どんな話もじかに聞くつもりです」。

すると、アポも何もとらず、いきなり社長室に飛びこんでくる社員が何人かいました。そういう社員にも私は対応しましたが、つぎからは秘書にアポをとってからたずねてきてほしい旨を伝えました。

そうかと思えば、最初からちゃんと秘書を通じて私の時間を確保したうえで、「お時間をとらせて申しわけありません」とやってくる社員もいました。オープン・ドアとはいえ、そこには相手の事情をおもんぱかる気くばり、心をおしはかる「忖度」などがきちんと働いている必要があるのです。

組織には、そういう(明文化されにくい)「けじめ」が重要で、そのけじめが私のいう秩序なのです。

ですから、社員の話を聞く気軽な場をもうけたり民主的な議論の場をつくったりして、広く意見を聞き、集めることは大切ですが、当然のことながら、最終的な意思決定を下すのは組織のトップでなくてはなりません。

プロセスは民主的であっても、最終的な決定は全責任を背負って、トップが「独裁的」に下すべき。会社が組織社会である以上、そこにまで民主性が入りこむ余地はないし、入りこませては判断をあやまりかねないのです。

飲みニケーションの場で、社員から「社長、来月から給料を上げてください」といわれたからと、社長がその希望をさっそくかなえてやろうとしたら、会社はどうなるか。

それを考えれば、トップは民主的なだけでも、独裁的なだけでもダメで、そのふたつをうまく使い分けるメリハリが必要であることがわかるでしょう。そのメリハリもまた秩序のうちなのです。

「正面の理、側面の情、背面の恐怖」ということばがあります。部下に対しては、まず「理」で説得し、「情」でサポートし、どうしてもいうことを聞かなかったら「恐怖」によってしたがわせる。

これはよく人間の心理をついた「人を動かす」方法といえましょう。要は、アメとムチの使い分けが大切で、部下には総じて温かみをもって、民主的に接することが基本ですが、それだけでは彼らを動かしたり、育てたりすることはできません。必要なときには、部下にきびしく接したり、つよく叱ったり、敢然《かんぜん》とムチをふるえるリーダーであるべきなのです。

部下は上司のやることを、社員は社長のやることをよく見ているものです。見ないふりをしながら、じつによく見ています。これは、社長にとってひじょうに怖いことでもあります。自分の言動しだいで、社員がゆるんだり、なまけたりもすれば、おびえたり、緊張したりもするからです。

彼らが仕事に情熱をもって取り組むのも、その意欲を喪失してしまうのも、すべて社長のことばやふるまいしだい——組織の秩序はトップの言動を基軸に保たれているのです。

だから、社長は自分がいつも社員から見られていることを意識して、そのときどきにふさわしいふるまいをしなくてはなりません。

自己流で社員をほめたり、叱ったりすればいい

上司が部下をよくほめる組織、上司が部下をよく叱る組織、ほめも叱りもせず、上司が何もいわない組織。この三つのうち、どの組織がいちばん部下のモチベーションを上げる効果が大きいか。こういう実験がおこなわれたそうです。

その結果、短期的には、叱る上司の組織が大きな成果を上げていたが、中長期的にみると、ほめる上司の組織がもっとも部下のやる気を高めることがわかったそうです。最悪なのは、ほめも叱りもしない上司の組織で、どんな成果も上がらなかったといいます。

この結果からも、やはり部下はほめて育てるのがいちばん——さしあたって、そういうことがいえそうです。しかし、だからといって、上司が部下に、

「ここであんまり叱ると、ヘソを曲げちゃうかな」

「小さなミスには目をつぶって、いいところだけをうんとほめてやるべきだろうか?」

などと細かく気をつかう必要もないと思います。

書店のビジネス書コーナーをのぞくと、「部下のほめ方、叱り方」といったハウツー本がたくさん並んでいますが、私はそれを技術論のレベルで考えることにはあまり意味がないと考えています。

なぜなら大事なことは、ほめたり叱ったりするときの技術よりも、上司と部下のあいだの日ごろの人間関係にあるからです。

たとえば、上司はどれだけ本気で部下の成長を願っているか、部下はどれだけ上司に信頼を寄せているか。そういう相互認識がふだんから共有され、信頼関係も築かれていれば、上司が部下をいつ、どんなふうに叱ろうとも、部下は理解し、納得もするからです。

ですから、あまりテクニックにこだわらず、上司は部下を、社長は社員を自己流のやり方でほめたり叱ったりすればいいと思います。

人には、その人特有の個性や性格があります。組織を率いるリーダーにも、長嶋茂雄さんみたいな陽性でカラッとした指揮官もいれば、野村克也さんみたいにちょっと陰気でグチっぽい指揮官もいます。

それぞれのパーソナリティにあった指導法があり、それによって、それぞれ相応に効果も上がっているのでしょう。野村さんが長嶋さんの指導法をまねてもうまくいかないでしょうし、逆も同様でしょう。

経営者も基本的には、自分のパーソナリティ(人間の「地」といってもいい)にしたがって、自己流で部下をほめたり、叱ったりすればいいのです。

社長のあなたは短気な性格で怒りっぽいが、面倒見がよくて、いつも部下の能力を伸ばしてやろうとあれこれ心を配っている。

そういうあなたのキャラクターが部下に理解され、信認されているのであれば、あなたがどれほど部下を怒鳴ろうが、部下は「また、はじまったよ」と内心で思いながらも、あなたのいうことを聞いてくれ、あなたについてきてくれるでしょう。

くりかえしになりますが、ほめること、叱ることの効果は技術によるのではなく、それをする人の「人間」によるのであり、また、それをする側とされる側の人間関係にもとづいているものなのです。

社員を「その気」にさせる上手なほめ方、叱り方

以上をふまえたうえで、留意しておきたいのは、やっぱり人間は叱られるよりもほめられるほうが気持ちいいということです。

部下が上司からほめられればうれしいし、「よし、つぎはもっとがんばろう」とやる気も出てくる。叱られれば落ちこんで、いっときにせよモチベーションも低下する。そうなるのは人間心理として当然です。

これは叱るほうもおなじで、部下が成果を上げれば、上司である自分の手柄にもなるし、会社にとっても利益です。だから、ほめてやるのは上司にとっても気持ちのいい行為です。「うんとほめてやろう」という気分にもなります。

逆に、叱るのは気のすすまない行為です。どれだけ叱ることに理があっても、叱るまえには「あいつを叱らなくちゃいけない」と憂うつですし、叱っているあいだはもちろん、叱ったあとも「ちょっといいすぎたかな」「うらんでなきゃいいが」といった苦いイヤな気持ちがのこります。

こうした両者の心理的な面からみても、人間は叱るよりも多くほめたほうがいいのです。私も現役時代は、部下を叱るよりもほめるほうが多い上司でした。

部下をほめる、叱るのは管理職の大事な仕事であり、仕事である以上、できれば気持ちよくやりたいし、部下から嫌われることも自分にとってハッピーなことではありません。ですから、どっちにしても、ちょっとした配慮はしてきたつもりです。

たとえば、叱ることに主目的があるときにも、八割はほめて、のこりの二割で「だけど、この点はこれから気をつけてくれよ」と注意をうながすように努めていました。

また、必ず明確にことばにしてほめること。それも心がけたことのひとつです。ほめるとき、「いわなくてもわかるだろう」というのは効果がありません。「きみの今回の仕事は、ここところの点ですぐれていた。よくやってくれた」とポイントを明確にして、短くてもはっきりとほめることが大切なのです。

その「短くほめる」方法も効果大です。これはダラダラと長くほめるよりもずっと説得力があります。ですから、あまり過剰にほめるのも逆効果で、部下にへつらっているように見えたり、「バカにしてるのかな?」と思われたりしかねません。

よくいわれることですが、人前でほめるのも効果的な方法です。ほかの社員がいるまえでほめられてわるい気のする人はいません。

私も課長時代、当時の社長からこれをやられて胸がふるえた経験があります。らつ腕で鬼と形容されるほど部下にもきびしい経営者でしたが、この人があるとき、東レの役員クラスと通産省（当時）の幹部クラスを集めた食事の席で、私を名指しして、

「この佐々木という男はなかなかできる男だよ」

とほめてくれたのです。日ごろ、その人から叱責ばかりされていた私は、「よく、いうよ」と思いながらも、ふるい立つような気持ちを胸のうちにおぼえました。組織で働く人間はこういうほめ方にはことのほか弱いもので、いま思えば、上司の手練手管にまんまと乗せられてしまった感、なきにしもあらずです。

ついでに、叱り方についてもふれておきましょう。

ひとつは、ほめるのとは反対に、人前でガミガミ叱らないことが大事です。部下にもプライドはありますから、衆人環視のなかで叱責すれば、たとえ叱られて当然のことであっても、人前で恥をかかせることになりかねません。ですから、叱るときはできるだけ一対一で、諭すように叱ることを原則とすべきです。

また、行為は叱っても、人格は責めない。これも大切です。「きみのやったことここがまちがっている」という指摘まじりの叱責はいいのですが、「なんで、こんなことができないんだ？　ダメなやつだな」という人格否定はいけません。パワハラにつながるのは、たいていこういうケースです。

「同期のAくんはまた成績トップだぞ。少しは見習ったらどうだ」。こういう他人と比較する叱り方もNGです。あるいは、長時間叱ることも避けるべきでしょう。ほめるのもそうですが、なんでも長すぎるのは逆効果です。

そして、叱りっぱなしにしない。たとえば、叱った日の帰り際、「さっきはちょっといいすぎたかもしれん。まあ、これも上司の仕事でな。今後、おたがいに気をつけよう」などとさりげなくフォローを入れる。また、叱った最後に叱責を激励に変えたり、「おれにも似た経験があるよ」と相手の気持ちをほぐすようなことばをかけるのもいいでしょう。

ときどき、部下を頭ごなしに怒鳴っている上司もいますが、ああいう自分のストレス発散のために叱っているようなやり方はご法度にすべきです。叱責という行為は、あくまで相手のためにすることで、自分のためにすることではありません。

もし、部下のミスに腹が立っているようなら、その感情が落ち着くまで叱るのを待ったほうがいい。そうしないと、叱責の場が自分の感情をぶつける場になってしまいます。


一般的に、部下は上司よりも能力面でも経験面でも未熟なのがふつうですから、上司は部下をほめるよりも叱りやすい傾向があります。それだけにまた、ほめ方よりも叱り方に上司の人間性があらわれやすいともいえます。

部下の立場からみると、おなじ叱られ方をしても、素直に受け入れられる上司と、反発を感じる上司がいます。この差はつまるところ、叱る人の信用度や人格の問題に行きつくでしょう。

ですから、人を叱るときには、叱る人の人格が問われている。そう考えて、配慮と励ましの気持ちをもって部下を叱ることが大切なのです。

経営者は「本気のことば」を吐ける人であれ

社員をほめるのも、叱るのも、励ますのも、なぐさめるのも、鼓舞するのも、みんなことばを介しておこなわれます。ことばこそは人を率いるときの最大の武器で、ことばなしで人を用い、人を動かし、人を育てることはできません。

仕事もおなじです。指示、連絡、報告、相談、意見交換、意思決定。これらもすべてことばによっておこなわれます。ことばは仕事を進めるときの触媒みたいなもの、組織を動かす血液みたいなものなのです。

とりわけ、社長のことばはきわめて比重が大きく、会社が進む道を示す旗のような役割を果たします。また、社長がどんなことばを発するかによって社員の意識は左右され、意欲が高まりもすれば低まりもする。その結果、会社の業績にも多大な影響を与えることにもなります。

会社は経営者の器以上に大きくならないといいますが、同様に、会社は社長のことばより前へは進まないものかもしれません。会社にとって、社長のことばはエンジンでもあればガソリンでもあり、組織の牽引力ともなれば求心力ともなる。それくらい大切なものだと考えてまちがいありません。

東レ時代、私の先輩で、海外事業を長く担当し、とりわけ海外の子会社の整理をいくつも手がけた社員がいました。彼が帰国して、そのてんまつを報告していたとき、上司であるB常務がこういったそうです。

「きみはこれまでにいくつ会社を整理してきた？　葬儀屋もだいぶ板についてきたな」

むろん、ねぎらいの意味をこめてのことですが、Bさんはこういう人間の心の機微にふれることばを、ユーモアのオブラートにくるんで発することのできる人でした。

その夜も、Bさんは「葬儀屋の苦労をゆっくり聞かせてくれ」と先輩を慰労会に引っ張りだして、苦労話をだまって聞いてやり、「おまえもだいぶひどい目にあったんだなあ。しかし、まあ、無事でなによりだ。安酒ですまんが、今夜は心ゆくまで飲め」と何度も酌をしてくれたそうです。

その後、先輩がふたたび、中米にあった関係会社の従業員を解雇する仕事で出張したときにも、「むずかしくて、つらい仕事だ。手に負えないようだったら遠慮なくいってこい。すぐに飛んでいくから」といって送りだしてくれたといいます。

先輩は苦しいときには、Bさんのこのことばを思いだして、気持ちをふるい立たせたそうです。「かりに話半分だとしても、ずいぶん意気に感じたし、励ましにもなった」。組織のリーダーはこうしたことばによって部下を励ませる人でありたいものです。

以前、プロ野球に一リーグ制を導入しようとする動きがあったとき、それを推進する立場の球団のオーナー側と、ストライキに訴えてまでも反対する選手会のあいだで話しあいがもたれました。

そのとき、当時、中日ドラゴンズの監督をしていた落合博満さんは、話しあいに参加する選手に対して、こういう意味のことばをかけたそうです。

「いうべきことは全部いってこい。へんな譲歩は絶対するな。人生には野球より大切なものがある」

選手としても監督としても、野球をひじょうに高いレベルまできわめた落合さんが、「野球より大切なものがある」といったところに、このことばのもつ力の真髄があります。いわれた選手はさぞかし勇気づけられ、大いに奮起もしたはずです。

私の考えるリーダーの定義は、じつはとてもシンプルなものです。それは「いっしょに仕事をしていると、勇気と希望をもらえる人」のことです。

もうダメだという苦境にあるときに、「あとひと踏ん張りがんばろう」といえる人。みんなが尻込みしているときに、「私が行こう」といえる人。部下が迷っているときに、「考えたとおりにやってみろ。責任はおれがもつ」といえる上司（サントリーを創業した鳥井信治郎さんなら「やってみなはれ！」）。

たとえ、ふだんは小言が多くても、いい加減なところがあっても、ギリギリの局面でこういう「本気のことば」を吐ける。経営者はそういう人間でありたいものです。

会社は「人を育てる」学校、社長は校長先生である

会社には教育機関の側面があります。とくに日本の企業はそうで、社会常識をあまり身につけないまま学校を卒業した学生を一人前の社会人に育て上げる。その役割を会社が果たしていることが多いようです。

近ごろでは、学校教育はともかく、家庭教育がなっていないことが少なくありませんから、おじぎの仕方や電話のかけ方にはじまって約束の時間は守れ、あいさつを忘れるなといった基本的な人間教育まで、企業がいやおうなく担うことになります。

かくいう私も、新入社員当時は、半人前にもとどかない未熟な会社員でした。「あんまり役に立たない、変わり者が入ってきたもんだな。人事は何を見てるんだ」というのが先輩

たちの私への評価でした。ずっとのちに役員になったときにも、ある先輩に、「へえ、きみが役員にねえ……」と心底びっくりしたような顔をされたものです。

それが先輩方の指導のおかげで、なんとか一人前になるまで育ててもらった。それも給料をもらいながら――そう考えると、会社というのは教育機関として大きな社会的価値をもつと同時に、社員からみても、きわめて利用しがいのある社会人学校であるといえます。

会社が社会人を育てる学校ならば、当然、その人間教育の教師役を中心で果たすのは組織のリーダーや管理職ということになります。

では、社員を育てるときに社長や幹部が心がけなくてはいけない点は何かといえば、いちばん大事なのは「現場で育てる」ことでしょう。

東レは社員教育にかなり熱心な会社で、私の在籍当時も、「企業の盛衰は人材にあり」をテーマに、百億円という莫大なお金をかけて研修センターをつくったほどです。そこに課長クラスの有望な人材を二十名ほど集めて、毎月一週間、泊まりこみで社内外のことをいろいろな角度から勉強したり、経営改革の提案を練ったりすることを半年くらいつづける、経営スクール的な仕組みを実践していました。

座学重視ではありましたが、経営幹部を育てるという意味では、きわめて効果の大きな制度でした。もっとも中小企業の場合、なかなかそこまでの余裕はないでしょう。そこで重要になってくるのが、社員をＯＪＴ（オン・ザ・ジョブ・トレーニング）で実践的に育てるやり方。「現場の仕事を通じて人を育てる」育成法です。

日本企業にあっては、ＯＪＴはあらためて理論や制度として位置づけるまでもなく、当たりまえの習慣として従来から実践され、企業風土にも浸透しています。ですから、それと並行して、たとえばメンター制度のような仕組みを導入することでＯＪＴの効果をさらに上げることができるかもしれません。

メンター制度は、新入社員に社歴の近い若い先輩社員がサポート役につき、仕事のやり方にかぎらず、人間関係や私的な悩みなどにいたるまでさまざまな点で助言をし、相談に乗るというシステムです。

本来は、課長クラスの上司がその役を果たすべきなのかもしれませんが、部下の一人ひとりにまで目がとどきにくい。若い社員にとって上司は「親」の年齢で、細かいことまで相談しにくいといった欠点もあります。

その点、年の近いメンターなら、いわば兄や姉のような存在ですから、現場で仕事を体得していくときのよきアドバイザー役になれるのではないでしょうか。

課長などの管理職になると、仕事の質や次元がそれまでとはまったくちがってくるものです。管理職は自分自身が仕事をするよりも、人を使って、どう結果を出すか。部下たちをどう動かして、組織の成果を上げるかが問われる立場です。

つまり、管理職はすでに選手ではなくコーチの立場にいるのです。そのとき、プレイングマネジャー（選手兼指導者）の役割を果たそうとすることは、だれにとっても荷が重いもので、どっちの役目もじゅうぶんに果たせないことになりかねません。

したがって、プレイヤーの部分は部下にまかせて、みずからはマネジャーとして組織全体の成果や効率を追う。それが管理職本来のあり方なのですが、相変わらずプレイヤーの仕事までみずから背負っている、あるいは背負わされているために、管理職本人にとっても組織にとってもマイナス効果しか得られていない。そういうことも少なくないようです。

こんなふうに、会社は「人間を育てる」重要な役割を担っていながら、それがうまく機能していないケースも多いのです。

社長は会社という学校の校長先生みたいな存在です。社員という生徒の人間教育や能力養成については、「現場でおぼえろ」というだけでなく、「人を育てる」ための有効な方法をさまざまに考え、あれこれとトライしてみる必要に迫られているといえます。

これが「よい人材」を見抜く採用のコツ

ひじょうに効率よく人を育てるコツがひとつだけあります。それは入社の時点で優秀な人材を確保することです。「なあんだ」といってはいけません。教育にもおのずと限界があるのです。

たとえば、学生時代にリーダーシップを発揮していた人間は、会社に入ってからもやはりその特質を発揮するものなのです。入社後に本人の努力しだいで養成できない能力や特性などないのかもしれませんが、それを最初からそなえていれば、それだけアドバンテージになるのはたしかです。

その点で、もって生まれた資質とか、入社前までに蓄積した能力の差というものはやはりけっして小さくないものです。指導と努力によって克服できない差ではないとしても、克服するまでには相応の時間がかかるわけで、最初から優秀な人間を確保できれば、それにこしたことはありません。しかし、その採用というのがけっこうむずかしいことは経験者ならよくおわかりでしょう。三人に一人は採用ミスといわれるくらい、いい人材の選抜には困難がともなうものなのです。

一〜二回の試験や面接で、その人の人間性を的確に見抜き、能力を正確に査定するのはそもそも無理がありますし、そうやって採用した人間の、やはり三人に一人は中途で会社を辞めてしまうといわれますから、優秀な人材を会社に定着させることはかなりむずかしい問題です。

とくに優秀な人材の多くは大企業にとられてしまって、中小企業までまわってこないことが多いので、人手不足の時代には人材確保の苦労はなおさらでしょう。

私は三十代のころ、人事部に協力して採用担当の仕事をしていたことがあります。役員面接の手前の二次面接くらいを受けもって、「彼女はもともとの素質にめぐまれているな」「彼は会社へ入ってから伸びるタイプだ」などと判断して、それがあまり的を外していなかった記憶があるのです。

そのときの経験から、よい人材確保のちょっとしたコツを考えてみると、ひとつには「中堅社員の評価を重視する」ことが大切です。

とくに中堅社員のうちでも若手に属する社員の学生を見る目は、年齢があまり離れていないこともあって、かなりたしかなものがあります。これが役員となると年齢ギャップが大きすぎるし、採用のプロである人事部の判断もえてして金太郎アメ製造機のようなところがあって、平均点は高いが、型にはまった画一的な人材をそろえてしまう傾向があるものです。

ですから、できれば採用面接官に若手の中堅社員をひとりくわえて、彼の素直な意見を聞いてみるのもいい方法でしょう。

また、大学時代、運動部のキャプテンをしていた、文化サークルの部長をしていたといった学生も買いです。

なんにせよ、「長」の名のつく人は周囲からそれなりの評価を受けていた人間であり、そうであるなら、彼がリーダーシップをそなえている可能性は高く、その立場や責任を果たすあいだに自分のなかにたくわえた能力も小さくないはずです。

私の経験からいっても、成績がAランクの大学で授業だけをおとなしく受けていたような学生よりも、Bランクの大学のテニス部で主将や副主将をやっていたという学生のほうが、総じて人材の質が高く、会社へ入ってからも力を発揮することが多かったようです。「鶏口となるも牛後となるなかれ」は、採用面接のときにこそ活用できる格言であるかもしれません。

さらに、採用基準に達しない人間を無理して採らないことも肝要です。五人採用の予定だが、三人しかいい人材が集まらなかった。こういうときは、のこり二人の枠を無理に埋めようとしないほうがいいのです。

なぜなら、その二人には申しわけないが、彼らはあとで会社のお荷物となってしまう可能性が高いからです。欲しいのが「人数」ではなく「人材」であるのなら、頭数をそろえることにはこだわらないほうが賢明。組織というのは、少数精鋭でまわっているときが、じつはいちばん効率がいいものなのです。

東レ経営研究所で社長を務めていたときにも、当然、私は最終面接に立ち会いました。そのとき重視したのは、面接者が発する「最初のひとこと」でした。

ひとり採用の枠に、十五人くらいの面接者がくるのがふつうでしたが、面接者がドアを開けて、あいさつをし、席に座って、さて、最初に何を口にするか。そのときの態度や印象はどうか。私はそれを見て、だいたい良否の判断を下していました。

といえば、ほとんど第一印象にすぎませんが、その第一印象で、人となりのおおよそはわかるものなのです。少なくとも、それで十五人が五人くらいまではしぼられます。それ以降はQ＆Aや話のやりとりによって、さらにひとりにしぼっていけばいいのです。

最近では、面接テクニックを上手に身につけた若者が多く、面接採用の場もそつなくこなす「達人」も増えているようですが、そんな付け焼刃的な「仮面」は面接する側から見ると、案外かんたんに見破れるものです。

本当に見るべきは仮面でなく、その人の自然な「素面《すめん》」であり、それだけにそれは最初のあいさつやことば、態度や素ぶりにごまかしようもなくあらわれるのです。彼らより年長で、人生経験も豊富な面接官がそれを見抜くのはさほどむずかしいことではありません。

ともあれ、面接を受ける側以上に真剣に、自分の全体重をかけて相対した人間の人となりや、能力を見抜こうと努めてみてください。そうすれば、優秀な人材とそうでない人間の差くらいは必ず見えてくるはずです。

どうすれば社員の能力を公平に評価できるか

現役時代、私は「部下を出世させるのが上司の最大の仕事だ」と考えていました。彼らの能力を正しく評価し、その能力に見あったポストに就けてやること。その部下の昇格については、考えるだけでなく、かなり尽力もしたつもりです。

昇格審査がおこなわれる一年くらい前から、上司に対して有能な部下の「売りこみ」をしたり、人事部とも日ごろから接触する機会をもうけたりして、「つぎの課長候補を挙げるとすればAくんでしょうね」などと自分の部課の人事情報をさりげなく耳に入れておくようなこともしました。

その結果、部下を出世コースに乗せる点において、小さくない成果を上げたと思いますし、そのせいで、私の部署へ異動したいという部下も多かったようです。会社組織で働く人間の大きな関心ごとが報酬と地位にあるのは、いつの時代も変わらないものなのです。

会社の社長ともなれば、部下の功績やがんばりに昇給や昇格で報いてやりたいと考えるのが自然でしょう。

しかし、その情に流されることはポストの乱発につながり、ひいては、社員のモラルの低下や意識のたるみにも通じていきますから要注意。ポストはむやみに増やさない。これを原則とすべきなのです。

東レの例では、課長職は全体の一二〜三%程度に抑えるのを通例としていました。したがって、しかるべき人間に昇格の時期がきても、ポストの空きがなかったら昇格はさせません。

そういう場合、会社によっては、適当な役職をつくって形式上の昇格をさせるやり方をするところもあります。しかし多少の昇給はあっても、実質的に権限が与えられたポストではないので、社員のモチベーションアップにはあまり結びつかないのが現実です。

私はそういう形式上の出世には反対です。ある時期がきたら、とにかく昇格はできるという仕組みは、くりかえしになりますが、社員の意欲やモラルの健全な刺激とはなりえないからです。

もし、ポストの空きがないのなら、他の部署へ異動させて、そこでしかるべき地位に就けるようにしたほうがいいと思います。そのほうが本人のキャリアの幅を広げることになるし、人事の流動化にも役立つからです。


ちょっと辛めの採点をよしとするのは、昇格のときだけでなく報酬面でもおなじです。つまり、社員の上げた成果をむやみに給与やボーナスのアップに反映させないことが肝心なのです。

というのは、ひとくちに売り上げの成績が好調だったといっても、その社員が担当していたのが、そのときたまたま売れていた商品だったということもあるからです。これを売れない商品をあつかっていた他の社員と単純比較して、成績のいい社員は昇給させ、わるい社員はそうさせない――のでは公平な評価とはいえません。

社員の評価というのはもっと多面的であるべきです。たとえば、売り上げ成績などの数字面だけでなく、営業社員の日ごろの働きぶりをそれとなくお客様にたずねてみるとか、生産や研究部門など他の部署の評価も聞いてみるなどして、なるべく総合的におこなうことが大切です。

あるいは、営業成績などの数字上の目安がないと、人事評価があいまいでむずかしいという経営者もいるかもしれません。

しかし、私は基本的に、人間の評価というものは数字的な目安や明確な評価制度などなくてもじゅうぶん判断できると思っています。それは日ごろから、その人の仕事ぶりを観察していればあきらかです。

たとえば経理の仕事なら、ふだんから数字をまちがいなく計上してくれる、BS（貸借対照表）やPL（損益計算書）をすみやかに作成できる、部外に対する説明も明晰である。そんな点から、彼・彼女がどれだけ「できる」人間か、その専門的能力はどの程度のものか、そういうことはじゅうぶんわかるものなのです。

そして、そういうふだんの能力（その人の「地力」といってもいいでしょう）は主として仕事のキャリアの最初のほうで養われ、それはキャリアの後半へ行っても、そんなに変わらないものです。つまり、ビジネスマン人生の前半につちかわれた能力差というのは、のちに広がることはあっても縮まることはまずありえないのです。

ですから、条件や環境しだいで不規則に変わりやすい、そのときどきの成績や数字によって昇給や昇格のあるなしを決めるようなやり方は、長い目で見ると、人事評価を不公平にゆがめてしまうおそれが大きい。いいかえれば、経営者は社員の評価をふだんから、一定的におこなうことが重要なのです。

人事評価は年功序列と成果主義の折衷型がいい

私は年功序列制度のなかでサラリーマン人生を送ってきた世代に属します。ですから、能力の高い人間であっても、まだ昇格の年齢に達していないという理由からしかるべきポストにつけない例。あるいは逆に、しかるべき年齢になったからという理由だけで能力以上の肩書が与えられる例。両方のケースをたくさん見てきました。

こんなふうに、能力と地位（や報酬）が比例しない、ゆがんだ人事が組織のあちこちで起こるのは年功序列のあしき部分といえましょう。

サラリーマンの能力にとって、数年程度の年齢差など実質的にないにひとしいものです。先輩のほうが力が上で、後輩のほうが下。こんな関係はせいぜいサラリーマン人生の最初の十年くらいにすぎません。

それを過ぎると、年齢差と能力差の相関関係はなくなって、先輩社員と同等かそれ以上の能力をつけた後輩社員がけっこうあらわれてきます。管理職にしても、三十代、四十代の課長が五十代、六十代の部長に匹敵する力をもっている。そうしたケースが少しもめずらしくなくなるのです。

彼らにないのは力量にふさわしいポストと報酬ですが、このゆがみ、非効率はいずれ実力ある社員のモチベーションをそこねてしまう可能性が高い。それがひいては組織の運営や会社の業績にも悪影響をおよぼすことになるのです。

私自身、管理職時代、すぐにでも上に引っ張りあげたい優秀な若手社員がいるのに、ポストがないために、それができないというじれったい思いに何度も悩まされたものです。力量にふさわしいポジションを与えれば、彼はもっと力を発揮できるし、もっと伸びていくだろう。それは会社にとっても有益なはずなのに——そう思ったのも一度や二度ではありませんでした。

ですから、もし、私が社長であれば、年齢や経験にそくして単純に昇給や昇格をおこなう年功序列偏重の人事制度はおそらく採用しないと思います。

かといって、完全な成果主義というのもいただけません。年齢や経験と無関係に、そのときどきの業績のよしあしによって地位や報酬を与える。こういう米国流の成果主義にも私は反対なのです。

反対というより、成果主義の効果は賛成派が考えるほど大きなものではなく、社員のモチベーションにとって、むしろマイナス面が大きいと思えるからです。

よい成績を上げた人に給料やボーナスをたくさん出し、ポストを与えることで応えたとしましょう。それによって彼がもっと意欲を高め、さらに結果を出すべく努力をするかというと、お金や地位というのは、そこまでつよい動機づけにはなりえないのが現実です。

「オレの能力は結果だけで評価してくれればけっこう」という人もいるでしょうが、数は少ないはずです。

また、いつも結果を出す人というのは、評価うんぬんにかかわらず努力を欠かさないものですし、「よく、やってくれた。これからも頼む」という口頭の評価だけでも大いに意気に感じて、モチベーションを高める社員も少なくありません。

それに対して、結果だけで評価を下す成果主義は、努力したのに結果が出せなかった人の意欲を「努力が正当に評価されない、報われない」といったぐあいに低下させる。そのマイナスのほうが大きいのです。

例としてふさわしいかどうかはわかりませんが、幕末の新撰組であるとき、敵の志士をひとり斬ったら何両、二人斬ったら何両、だれも斬らなかったら報酬なしといった、露骨な報奨主義を採用したといいます。

そうしたら、留守隊から文句が出た。「だったら、留守番なんかさせないでくれ。寺田屋でもどこでも踏みこんでいって、何人でも斬ってやる」というわけです。

それで成果は上がるかもしれません。しかし、役割分担がめちゃくちゃになって組織は成り立たなくなるでしょう。過剰な成果主義には、こういうマイナス面がつねについてまわるのです。

正解は両論の中間あたりにあるという世間知からみても、年功序列と成果主義の折衷というか、そのふたつをうまく組みあわせることが肝心なのではないでしょうか。

たとえば、ある程度の年齢までは年功型で評価し、それ以降は能力重視で評価する。成果ばかりでなく努力も評価要因として重きを置く。評価は報酬よりもポスト中心で応えるといったやり方です。

げんみつにいえば、成果主義と能力主義はちがうものです。能力は長期的な評価対象にすべきものですが、成果はそのときどきのものですから、長期的評価の対象にはなりえません。能力のある人はたいてい結果を出しますが、一回や二回、結果を出したからといって必ずしも能力があるとはかぎらない。

それらを混同しないことも、公平な人事評価に必要な要素なのです。

年上の部下より同期の部下のほうがやりにくい

長く外資系企業に勤めた人から聞いた話ですが、彼はときどき、日本企業の経営者や人事担当の人から、「うちの会社にも実力主義を根づかせたいんだが、どうしたらいいだろう」という相談を受けるそうです。

それに対する、彼の答えはなかなかすごいものです。

「ある日、上司と部下を入れ替えたらいいよ」

上司よりも仕事のできる部下がいたら、その二人のポストを入れ替えてしまう。つまり昇格と同時に、降格人事もちゅうちょすることなくおこなうのです。そうすれば組織の体質が一変するはずだと彼はいいます。

外資系企業ではしょっちゅうおこなわれていることかもしれませんが、日本企業では労務規定上からいっても、まだむずかしいところが多いでしょう。

たしかに刺激的な方法ですが、私はやはりここまでやるのはやりすぎだと思います。ただ、心情的には、わからないこともありません。

たとえば現役時代、私より数年先輩で、のちに社長になった人のことも、私は内心では力の差はない、実力的には互角だと思っていました。また、部署を異動したときに新参の私に専門知識をあれこれ教えてくれた数年先輩の人についても、管理能力は自分のほうが上だと思っていました。

そこには「先輩といえども負けたくない」という競争意識も働いていましたが、客観的にみても、そうまちがった判断ではなかったはずです。

上司や先輩であっても、仕事のできる、できない、力のあるなしには関係ないことだ——これは私のなかの能力主義といえます。

いっぽうで、こういうこともありました。私が最初に部長になったとき、部下のなかに自分より先輩の人と、自分と同期の人間がそれぞれひとりずついたのです。

よく「年上の部下はやりにくい」といいますが、私はそれほど感じませんでした。めぐりあわせでそうなった以上、自分より年配の人間として敬意をもって丁重にあつかえばいいからです。

それよりも、ずっとやりにくかったのは同期の部下でした。これはおなじ立場になってみれば実感でわかるでしょうが、どう接していいのか、ずいぶん悩んだものです。

彼も内心、面白くないだろうなと思えば、よけいやりにくく、「会社も酷な人事をするものだ」と恨んだものです。これは私のなかの年功序列意識といえます。

こんなふうに、組織で働く人間の心理にはきわめて繊細なところがあります。それが人事や報酬のことなら、なおさら彼らのモチベーションに大きく影響しますから、社長は人事配置にはうんと慎重であるべきです。

成果や能力だけでなく、年齢や経験、努力の度合い、勤務態度、コミュニケーション能力など、三百六十度に近い多面的な評価によって人事はおこなわれなくてはならないのです。

CHAPTER

4

THE FASHION OF THE PRESIDENT

第四章　「信頼を勝ちとる」社長の妙技

なぜ、話の長い社長は仕事ができないのか

ダメな社長は話が長い――これはけっこう真理をついていて、社員をまえにした訓示とか、朝礼のあいさつなどがやたらと長い経営者がときどきいます。このスピーチの長い短い、上手下手は案外、その人の力量の正確な目安になるものです。

私がある大手企業から講演を頼まれたときのこと。全国の支店長を集めた講演で、本社のある東京のほかにも、大阪、横浜など数か所で開かれたのですが、そのすべてで社長の訓示が私の話のまえに設定されていました。

けれども、その社長は十五分の予定を倍の三十分以上も話すので、長びいたぶん、私の出番が後ろへずれてしまったのです。あとで担当の人にさりげなく問うと、「時間オーバー

はいつものことなんです」という。それを聞いて、私は無意識のうちにしぶい顔をしていたのかもしれません。つぎからは社長と私の話す順番が逆になっていました。

たかがスピーチじゃないかと思うかもしれません。でも、与えられた時間をだらだらと超過する点で、私はこの社長のビジネスセンスに疑いの念を抱きました。

社員も内心、うんざりしながら聞いている（あるいは、まったく聞いていない）にちがいありません。「社員が自分の言動をどう感じているか」。そのことに無神経である点においても、この人はリーダーの資格に欠けていると思わざるをえなかったのです。

あらかじめ割りふられた持ち時間を守らないで、他の人が発言する時間を奪う。自説をとくとくと主張して、相手がどう思っているのかを気にかけない。こういう配慮や想像力に欠けた自分本位の経営者に、よい経営などできっこない。そういったら、いいすぎでしょうか。

そもそもスピーチというのは簡潔で、わかりやすいものでないと、いくら中身が濃くても、聞いている人の心に届きません。伝えたいことがたくさんあっても、聞く人が一回に咀嚼できるのはせいぜい話三つまでで、それが五つ以上になると、どんなに大事なことでも心にのこらないのです。

だから、おなじ話なら、できるだけ短く、簡潔に伝える。これが訓示やスピーチの第一の鉄則です。

それから、できるだけ紋切り型のことばは使わない。これも守るべき原則です。経済界のおエラい人が年頭所感などで、

「グローバル化の進展がいっそう速度を加えるとともに、わが国を取り巻く経済環境もいよいよきびしさを増しておりますが、うんぬん」

などとあいさつすることがありますが、財界の重鎮からいわれなくても、ずっと以前から国際化の波には洗われていますし、企業を取り巻く環境はいつだってきびしいのです。そんな決まり文句だけを並べた話が聞く人の耳目を引くわけがありません。

かくいう私も東レの社長のスピーチライターみたいなことをしていた時期があります。なるべくステレオタイプなことばや言い回しは避けようと努めましたが、性質上、あまり個性的な内容やとんがった話は書けません。

結局、八割方は無難な、ニュートラルな、当たりさわりのない原稿しか書けなかった記憶があります。その原稿をそのまま読みあげる社長もいれば、そこへ一割か二割、自分の

ことばをつけ加える社長もいましたが、正直、面白い話を聞いたという印象はのこっていません。

あいさつなんてそんなものだといえば、それまでですが、心をつかむ話や心が鼓舞されるようなことばをリーダーである社長の口から一度も聞けないというのは、社員にとってはかなりさびしいことです。

その反省もこめて、私は日本の企業の社長は、もっと自分のことばを使って、もっと思いきったことをいってもいいのではないかと思っています。経済新聞などに掲載される経営者の話も総じて優等生的で、ありきたりのものが多い。

どうして、もっと自信をもって、思っていることを正直、明確にいわないのか。美辞麗句なんか取っ払って、異論、暴論のたぐいでもいいから、もっと本音を吐きだしたっていいじゃないか。そう歯がゆく思うことがしばしばあるのです。

ことばは量で伝えるものではないし、話も技術で伝えるものではありません。つたない内容でもいいから、社長が自分の「思い」を自分のことばで伝えようと懸命に努力すれば、その話はきっと説得力をともなって社員の心に届くはずなのです。

忙しい社長ほど時間的な余裕をつくるべし

日本の中小企業の社長さんたちは本当に勤勉で、朝から晩まで休みなく働きつづけている印象があります。

もっとも、勤勉と多忙をごっちゃにしている人も少なくないようで、経営者というのはあまり忙しすぎてもいけません。ものを考える時間がもてないというデメリットが生じるからです。

組織の上に立つ者には、組織が置かれている状況や組織内に起こっているさまざまな出来事をいろいろな角度から総合的にながめる「鳥の目」が必要とされます。しかし日々の仕事に没頭していると、その広い視野がせまくなりがちで、目のまえのことしか見えない

「虫の目」しかもてないことになってしまう。

その結果として、社長が忙しさにかまけているような会社は伸びない――これはさほど見当はずれの考えでもないはずです。

西郷隆盛は二度ばかり島流しにあっています。キャリア上の大きな挫折ですが、この流刑のあいだに、西郷は『言志四録』などの書物をくりかえし読むことで思想を深め、人格を練って、のちの明治維新の立役者としての人間的下地をつくりました。

挫折の価値もここにあって、それが日ごろ身を置いていたせわしい環境から距離をとって、じっくり自分の来し方行く末について考えをめぐらせる時間を与えてくれる。人間にはこういう時間的な余裕が絶対に必要なのです。それが自分という人間を肥やす栄養となってくれるからです。

ヤマト運輸の小倉昌男さんにも大病で一年半くらい仕事を休んだ経験があるといいます。病気を時間的な余裕というのは語弊があるかもしれませんが、やはり病床で自分の生き方、人生のあり方をじっくり考えなおすよい機会になったはずです。

また、星野リゾートの星野佳路《よしはる》さんは、どんなに忙しくても必ず七時間は眠るのを習慣にしているそうです。多忙のなかにあってもしっかりと睡眠時間を確保すること。それも時間的余裕を生みだすたしかな方法のひとつで、すぐれた経営者はこうした「よい習慣」の持ち主であることが多いのです。

私は「よい習慣は才能を超える」と考えています。習慣というのは技量、力量をたくわえるための最良の近道です。どんなことでも習慣づけて、毎日くりかえしつづけていれば、それがやがて当たりまえのこととして身についてくるからです。

では、経営者が身につけるべきよい習慣の筆頭は何かといえば、やはり読書ではないでしょうか。

新聞やインターネットなどを通じて日々の情報にふれるのも大切な習慣かもしれませんが、一冊の本をじっくりと時間をかけて読み、さまざまな人の生き方や考え方、思想や哲学にふれる。それによって自分自身の思考にも深みを加えていく。

そうした学びの対象として、読書以上のものはないように思えます。経営者でも、ある一冊の本との出会いがその後の人生の羅針盤となり、会社経営の指標ともなったという例がいくらでもあります。

「そうはいっても、それこそ、本をたくさん読むような時間的余裕はないよ」

という社長さんもいるでしょう。

しかし、経営者は必ずしも多読家である必要はありません。読書体験から人生を肥やす栄養を吸収するためには、数をこなして知識をたくさん得る乱読型の読書よりも、少数精鋭でじっくり読みこなす精読型の読書のほうが向いているからです。

若いときならともかく、ある程度年齢を重ねてからの読書は、示唆の多い一冊や気に入った一冊とじっくり向きあい、その中身を時間をかけて血肉化していく。そういう熟読がふさわしいように思えます。

社長は忙しいなかにも時間をつくって本を読め。それも、たくさん読むより、じゅうぶんに読め――ということです。

社外勉強会は幅広い「鳥の目」を養うよい機会

いろいろな講演や勉強会などで、中小企業の社長さんに会うことがめずらしくありませんが、そうした社外の自己啓発の場に参加することが、自社の経営にとって有益かどうかはいちがいにはいえないことです。

一般論をいえば、視野を広げる機会や人脈の拡大のきっかけともなりますから、基本的には有意義といえましょう。さきほどのことばでいえば、「鳥の目」を養うことにもつながるのです。

しかし、じっさいに、そこから現実的な栄養分を吸収できるかどうかはまた別問題で、それは勉強会の内容よりも、むしろ参加するご本人の意欲や姿勢にかかっているようです。

中小企業の経営者の集まりに講師として招かれた本田宗一郎さんが、開口一番、

「みなさんは経営の真髄とか成功の秘訣なんていうものを聞きにこられたのかもしれないが、そんなものはどこにもありません。だから、みなさんがいまできる最善のことは、さっさと自分の会社へ帰って仕事のつづきをすることです」

と言い放ったというエピソードは、本田さんが勉強会というものの本質をよくわかっておられたことのあかしでしょう。

本田さんは現場で汗をかく手間を厭い、大事なことを人から手っとり早く教えてもらおうとする横着な料簡をいましめることで、「座学の限界」というものを示したかったのではないでしょうか。

たしかに、そういう受け身の姿勢に終始していたのでは、どんな優秀な講師陣をそろえた勉強会であっても、有益なことは学べないし、経営にも生かせないはずです。こんなことは釈迦に説法で、中小企業の社長さんならとっくにおわかりのことでしょう。

私がいたころの東レには、仕事ができる人ほど社内外の勉強会に参加しないという、ふしぎな法則がありました。前の経団連の会長を務められた榊原定征《さかきばらさだゆき》さん（私の四年先輩）な

どはその代表格で、「そんなもの、何の役に立つのか」といった超然とした様子で勉強会などには目もくれず、自分の仕事に没頭しておられたのです。

裏を返せば、勉強会に熱心な人ほど仕事ができないということになりますが、そのせいかどうか、私は「これは」と思える勉強会にはけっこう顔を出していました。

私の考えはこうでした。勉強会には参加すべきだという考え方も真理なら、勉強会なんか行く必要はないという考えも真理だ――だから、私は部下にも、よくこんな謎のようなことをいっていたのです。

「偉くなりたかったら勉強会なんか行くな、もっと偉くなりたかったらどんどん行け」

つまり、会社で出世するだけが人生の目的だったら、勉強会など参加しないで、仕事に全精力を傾けたほうがいい。しかし、仕事だけに終始せず、人生をもっと幅広く豊かなものにするために自分を全人格的に成長させたいと思うなら、勉強会をはじめ自己啓発の場には積極的に参加して、人脈もふくめてあれこれ見聞を広めたほうがいい。

私自身、後者のような人間でありたかったので、社外の勉強会にもできるだけ足を向けるようにしていたのです。

たとえば現役時代、私が参加していたある社外勉強会には、中央官庁の各省から若手の課長クラスが集まり、民間企業からも各業界につき一社一人という条件つきでやはり課長クラスが参集していました。合成繊維業界を代表する企業が東レで、当時、課長だった私もその勉強会に加わったのです。

官民が入りまじった総勢七十名ほどの会で、定期的に会合をもち、国の内外のさまざまな課題やテーマについて、ときには泊まりこみの合宿もして勉強をかさね、いろいろな会社の工場見学や自衛隊の研修などに出かけたりもしました。

課長クラスというのは要するに、将来の幹部候補です。官でいえば、やがて事務次官や局長になる人たち、民でいうなら社長や役員を務める人たちです（じっさい、その後、この会から事務次官や社長、国会議員になる人を輩出しました）。

それだけに、みなさん優秀で質の高い人材がそろい、そこにまじった私がどれほど刺激を受け、社会的な見聞を広めることができたか、はかりしれないものがあります。

そこで得た知識、人脈が当時の会社の仕事に役に立ったかといえば、おそらく、そういう直接的な恩恵はゼロにひとしいものでした。しかし、会社員ではなく、ひとりの社会人としての素養や教養を自分のなかにたくわえるという点では、これほど多くのものを得た勉強会はほかにありません。

いまでも、当時の参加者とはつきあいがつづいていて、相変わらず知的刺激を与えてくれる人あり、人間的に尊敬できる人あり、家族のような親しみを覚える人ありで、私にとって息の長い人脈を築くきっかけとなるとともに、私の人間的な成長にも深く寄与してくれた有意義で有益な場であったといえます。


ですから、もし、あなたが企業活動によって利益を得、会社を維持し、従業員の給料をまかなう。それだけで満足できる経営者であるならば、社外の勉強会などにはあえて出席する必要はないかもしれません。

しかし、会社を存続させるだけのたんなる経営者ではなく、「すぐれた経営者」になりたい、人格的にも深く、豊かな人間でありたいと思うなら、社内にだけ閉じこもっていてはダメです。読書や勉強会にかぎらず、自分の視野、見聞を広められる機会には積極的に参加すべきなのです。

「虫の目」とはスペシャリストの目のことで、そこには専門分野を深く掘り下げる能力が必要です。でも、経営者に必要とされるのは、全体を客観的に見わたせる「鳥の目」です。

そういうゼネラルな視点を養おうとしたら、「会社の仕事だけで精いっぱい」ではむずかしい。広く、多様な目をもつためには、どんどん会社の外へも出ていって、いろいろな人たちと交わり、さまざまな情報や知識を吸収しなくてはならないのです。

されてうれしく、してよろこばれる接待のノウハウ

経営者ともなると、取引先などとの接待の席に呼ばれもすれば、こちらが接待する側として相手を呼ぶ機会も少なくないと思います。私も現役時代には、このサラリーマンにつきものの接待という場を、する側、される側の両方の立場でずいぶん経験しました。

接待における場の設定や段取り、そこでの会話、やりとりなどが取引に与える影響にも、いいほうとわるいほうの両方があるようです。そこで、私自身も実践していた「気持ちよく接待をおこなう」方法を具体的に紹介してみましょう。

飲食による接待にお客様を招く場合、まず大切なのは場所の選定で、できるだけ相手がよろこんでくれそうな店や料理を用意します。それがはじめての店なら、事前の下見も必

要になるでしょう。店の大きさや広さ、雰囲気、手洗いの場所の確認など、相手に粗相をしない程度の予備知識を仕入れておくのです。

そのとき、店の人に接待の席であることを告げておくこともポイント。そうしないと、一般の客同士のような雑なあつかいを受ける可能性もあるからです。

また、相手への手土産は前日までに手配をすませておく。品物は平凡なものよりは、地酒など、相手の印象にのこるものがいいでしょう。

私は現役時代、何度か招待状つきの接待に呼ばれたことがあります。商社からの接待でしたが、格式ばったあいさつとともに、先方の出席者と肩書なども招待状には記されていました。立場を変えて、同様の招待状を出したこともありますが、通常であれば、そこまできちんとした手続きは不要でしょう。

注意しなければならないのは、接待にすごく高い店を使うとか、豪華すぎる食事を用意するといった過剰なサービスはかえって逆効果になりやすい点。見返りを求める下心が透けて見えるようで、相手を不快な気持ちにさせることもあるからです。

接待当日は、当然、相手より早く店に到着して待つのがマナーです。携帯電話は電源を切るか、マナーモードにしておく。飲食中の会話で留意すべきは、仕事や取引のことばかりに話題を集中させないこと。相手の趣味や家族のことなど、できるだけ接待相手が気持ちよく話せる事柄を選ぶように努めることが肝要です。

支払いは目立たないようにする。相手が手洗いに立ったあいだにすませてしまうとか、あとで請求してもらうようにするといった気くばりが必要です。

二次会には無理に誘わないのが原則ですが、相手から希望があれば、むろんおつきあいするようにします。近ごろは二次会でカラオケに流れるケースも多いようですが、そういうときは、やはり事前に店などを予約しておくべきでしょう。

「つぎは、どこへ連れていってくれるんですか?」

そんなふうに二次会をせっつく接待相手もいますから、こういう人には、よろこんでもらえそうな場をあらかじめ聞きだしておくのもいいでしょう。

飲食と並ぶ接待法にゴルフがあります。私も接待ゴルフはずいぶんしましたが、案外大事なのが、接待先と「腕前をそろえる」ことです。

キャリアやハンディなどにおいて、接待する側の腕前が上すぎるのは相手を不快にさせてしまうし、下すぎるのも相手の足手まといで迷惑になりかねないからです。スコアでいえば、一〇〇を切るくらいの腕前をもっていて、相手の腕前にあわせてうまく調整するのが理想といえます。

もちろん、ルール、マナーはしっかり守る。見苦しくない程度にドレスコードも守る。あまりラフな格好とか下品なファッションは避けるべきです。クラブもあまり高価なものも、あまり貧相なものもダメ。一般的なものを用意するのが無難でしょう。

プレー中の会話は控えめくらいでちょうどいいものです。あまり饒舌になったり、相手のプレーに対する行きすぎたお世辞や気づかいは無用というより、かえって逆効果です。自分のプレーに関する言い訳やグチのたぐいもご法度。

接待ゴルフで避けるべきは、いわゆる「握り」です。高額なお金を賭けたプレーは、遊びであるべきゴルフを真剣勝負にしてしまいます。その結果、双方の心証を害したり、トラブルのもとにもなりかねません。

私も二度ほどお相手したことのある、ある大企業の幹部がこの「握り」が好きで、お金がかかるとめっぽう勝負強くもあり、外国でやった接待ゴルフでは二百万円近いお金をメンバーから召し上げたそうです。その被害者のひとりは東レの当時の某部長でした。

この幹部はのちに副社長まで出世しましたが、「握りさえやらなきゃ、社長にもなれた」

とうわさされたくらいで、ことほどさように賭けゴルフというのはサラリーマンにとって悪影響のほうが大きい。もしやるのなら、少額にするか、現金は避けて景品程度ですませるのが妥当でしょう。

このほか、私がされてうれしく、してよろこばれもした接待法は、スポーツ観戦や音楽・演劇鑑賞などへの招待でした。

接待相手があるプロ野球球団の熱心なファンであることを知って、私は球場の観戦チケットを数枚用意したことがあります。その方は家族づれで観にゆかれたそうで、後日、「久しぶりにいい骨休めになったよ。家族も楽しそうだった。本当にありがとう」と、こちらが恐縮するくらいていねいなお礼をいわれたものです。

地方のお得意さんで、大の歌舞伎ファンの方を奥様とともに招待したこともあります。その方の場合、多人数のにぎやかな観劇をご希望でしたから、私も女性のアシスタントを連れて同伴しました。観劇のあとは食事もご一緒して、先方も大満足の様子でした。

このように観戦や観劇による接待も、それが好きな人にとってはきわめて効果が大きいものです。主たる目的は野球や歌舞伎にありますから、接待する側もあまり気をつかわずにすみ、楽といえば楽。そういうメリットもあります。

相手を気持ちよくする接待、不快にさせる接待

ゴルフやマージャンなどの勝負ごとになると、人はふだんは見せない「素顔」をかいま見せることが多いものです。これは接待ゴルフなどであってもおなじです。また、飲食接待の席でも、お酒が入ることで通常の商談では見えない相手の人となりが見えてくることが少なくありません。

と同時に、それは相手から自分の人となりを見られる場でもあります。したがって接待をうまくこなすことによって、相手からの信頼がより深まり、仕事を超えた人間的なつきあいが生まれることもあるのです。

なかには、心にもないお世辞をいったり聞いたりしなくてはいけないから、総じて接待

は好かないという人もいます。気持ちはよくわかりますが、現役時代、私はそのへんは割りきってやっていました。

基本的に相手に合わせていれば、相手は機嫌よくなってくれる。気持ちよい時間をすごしてくれれば、私という人間のことは好印象として相手にのこり、それは商売上、得になりこそすれ、けっして損にはならない——そう考えて、あまり苦にせず接待をこなしていたのです。

だから、接待の場で失敗するようなこともなかったと思います。ただ、長いサラリーマン生活でしたから酒の席での失敗はけっこう見聞きしました。


あるとき、私の上司が大きな仕事を終えたあとの慰労会を、部下全員と関係のお客様も招いて開いたことがありました。宴《うたげ》は和気あいあいのうちに終わり、出席者の大半が二次会に流れました。

私は用事があって二次会には参加しませんでしたが、その場に偶然、これもお得意先の大手企業の課長さんが数人でやってきていました。

「やあ、これは奇遇ですね」

などといいながら合流したのはいいのですが、杯をかさねるうちに酔いがまわったくだんの課長さんは、私の部下でもあった女性社員にちょっかいを出し、やがて彼女の膝などをさわりだしたのだそうです。いまでいうセクハラです。

これに怒ったのが、私の上司である部長でした。彼は翌日、課長さんの上司に直接電話をかけて、「おたくの○○さんが、うちの女性社員にこういうことをした。礼儀をわきまえていない、どうしてくれるんですか」と強硬な抗議をしたのです。

この結果は悲惨なものでした。その課長さんは遠方の支社へ飛ばされてしまったのです。女性の膝をさわったばっかりに、サラリーマン人生をほぼ棒にふってしまった——。

接待の場だけではありませんが、酒の席では得てしてこういうこと、つまり、ふだんは隠している素顔(?)があらわになりやすいので注意の上にも注意が必要です。

私が接待の場でもっとも不快に感じたのは心にもないお世辞を使われることでした。「接待は相手を機嫌よくさせる場だ」と割りきって考えていたとはいえ、ミエミエのお世辞は使うのも、使われるのも気分のわるいものだったのです。

自分の実力がどの程度かは自分自身でよくわかっているつもりでしたから、それを超えるような過剰であからさまなお世辞は、胸に泥水でも流しこまれるような不快感しかおぼえませんでした。

なかには、見え透いたお世辞だとわかっていてもよろこぶ人もいるようですが、私は正直にいってもらうのがいちばん気持ちのいい対応だと感じます。

おなじように、高級な店に連れていくのが豪華で、いい接待だとカンちがいしている人もいます。私もなんだかゴテゴテとした装飾の、ゴージャスを売り物にしながら、それがかえって安っぽい場末感をかもしだしているクラブみたいな店につれていかれたことがありますが、こういうのはしらけるばかりで少しもうれしくありません。

やはり、接待に必要なのは相手の好みやＴＰＯをわきまえることです。私は夜の酒席よりも昼間のゴルフのほうが健康的で楽しかったクチで、そんなふうに相手の好みにあった場と時間を提供できるのであれば、ヘンに趣向を凝らしたり、お金をたくさんかけたりする必要などまったくありません。

する側であれ、される側であれ、ＴＰＯをわきまえ、節度を守った、シンプルな応接の場にするよう心がけること。それが経営者の接待にとって肝心なことなのです。

経営を安定させる上手な金融機関とのつきあい方

ときどき、金融機関からの借り入れがゼロである無借金経営を優良企業の条件として持ち上げる論調を見かけますが、会社経営において一寸先は闇のようなものです。

突然、取引先が倒産して売掛金が焦げついてしまうこともあれば、なんらかの理由で急な資金繰りに迫られることもあります。もちろん、事業の拡大を図るときにも多額のお金が必要となってきます。

そういうとき、たしかに無借金経営で財務内容こそ健全だが、同時に、手持ちのキャッシュフローも不足している――これではたちまち運転資金に窮してしまうでしょう。

したがって、経営者はふだんから、必要なときに必要なだけの資金を借り入れできる関係を金融機関とのあいだに築いておくことが望ましいのです。

とりわけ、資金にとぼしい中小企業にとって銀行などの金融機関は命綱にひとしい存在であり、日ごろから良好な関係を築き、何かあったときには親身に相談に乗ってもらえるような「信頼のパイプ」を結んでおくことが大切です。

その意味で、金融機関を選ぶときには、必要な資金を引きだせる「金づる」としてではなく、経営の相談相手を選ぶような心づもりが必要でしょう。


金融機関と新規に取引する場合、まず、どんな金融機関を選ぶか、また、主取引の相手となるメインバンクをどこにするかを決めなくてはなりません。

その金融機関には都市銀行、地方銀行、信用金庫、信用組合など、規模によってさまざまありますが、肝心なのは、自分の会社の事業規模に見あった適正な金融機関を選ぶことです。

ミエや体裁から、自社の規模が小さいうちから、大手の都市銀行をメインバンクに選ぶような人もいるようですが、こういう身分不相応の背伸びはすすめられません。はじめは地方銀行や信用金庫など地域密着型の金融機関からスタートするのがベターでしょう。

また、都市銀行であっても、本店のある大都市ではなく、地方都市にある支店などには貸し出し実績がなかなか上がらず、貸付先に苦労しているところがあります。そういうところは当然、融資に積極的ですから、会社側にとって比較的有利な条件で借り入れができるケースが少なくありません。

さらに、民間の金融機関ではありませんが、公的な日本政策金融公庫の国民生活事業という業務が小規模事業者のための事業資金の貸し付けをおこなっています。銀行などにくらべれば融資額は小口ですが、個人商店などをふくむ零細企業の起業や事業資金を対象とした融資制度ですから、中小企業にとっては使いやすいものでしょう。

これらさまざまな金融機関のなかから、自社の身の丈にあった、長期的な信頼関係の築けそうな相手を二つか三つ選び、取引をつづけていくあいだにメインバンク、サブバンクといった関係性の軽重を決めていくのが賢い方法だと思います。

融資を受けるさいには、会社の経営実態を示すさまざまなデータ（決算書をはじめとして事業計画書、資金繰り表、借入金一覧表、返済計画書など）が求められます。

これらによって会社の置かれた現状、経営内容、事業計画のよしあし、返済プランの是非などが数字上に示され、そこから金融機関は、「この会社が本当に融資にあたいする実力と将来性をそなえているかどうか」を査定するわけです。

そのさい、ペーパー上の数字の信頼性と並んで重要なのが経営者自身によるプレゼンテーション、つまり説明や情報提示です。

お金がなぜ必要なのか、どんなビジョンと展望をもち、どういう事業に、どんな経営姿勢でたずさわり、どれくらいの収益の向上が望めるか。それらをできるだけ正直に、真摯に説明することが大切なのです。

あとで述べるように、金融機関はその経営者本人によるプレゼンの内容、さらには経営者の言動や受け答えの様子などを通じて、経営者の「人間性」を観察し、それを基準に融資の可否を判断することが少なくありません。

ですから、それは金融機関に対して自分の人間性をアピールする場だと考えて、経営者は誠実に、熱意をもって説明すべきです。

数字などの見こみは、期待値を上乗せしたものより、正確性を重視して確実なものを示すほうがいいでしょう。できれば、自分だけの説明にとどまらず、顧問税理士のコメントなどもつけ加えて、中身や数字に客観性をもたせることも大事です。

また最近では、金融機関に対する説明のさい、「従業員の雇用を守る」点を強調すると融資が決まりやすい傾向が見られるようです。

私の知人の例ですが、事業の拡大にともなって、いままで数人だった従業員を十数人に増やすことを説明したら、それまで以上に有利な条件で銀行がお金を貸してくれたそうです。

金融庁はこのところ、金融機関を評価する条件として「地域経済への貢献度」を重視する方向性を打ちだしているので、金融機関のほうもそれを無視できず、従業員の雇用に積極的な会社に優先的に融資をおこなう、そんな事情もあるのかもしれません。

また、金融機関からの借り入れには、つぎの二種類があることも知っておきましょう。

▼プロパー融資――金融機関と企業のあいだでおこなう融資。したがって、返済が滞ったときのリスクは金融機関が負担することになる。当然、金融機関は貸し出しに慎重になり、担保をとるなどしてリスク回避をする。

また、業況や業務内容、企業の格づけなどによって融資限度額を設定し、それらの内容がいい会社には低金利で貸し、あまりよくない会社には高金利で貸すなど金利差をつけたりもする。

▼保証付き融資――信用保証協会の保証をつけておこなう融資。貸したお金が返済され

ない場合には、信用保証協会が企業にかわって融資額を支払う。

金融機関はリスクを負担しないですむので、総体的に低金利の融資が受けられるが、借り手は信用保証協会に対して保証料を支払う必要がある。

この保証付き融資は、ペーパー審査と金融機関側の説明によって決められ、借り手側の企業の話を聞くことは少ない。それだけに融資の可否には金融機関の説明が大事になってくる。この点でも、企業は金融機関との信頼関係を築いておくことが大切。

社長の「人間力」はもっとも信頼できる担保

東レ時代、私は出向先で与信管理の仕事も担当していましたが、年に数件は必ず取引先の倒産があるなかに、二度、三度と倒産をくりかえす会社がありました。

そういう会社の社長には、自分の資産はひそかに確保しておきながら、業績のわるい会社をさっさとたたんでしまい、しばらくすると、また涼しい顔で新しい会社を起こす。そんな倒産の「確信犯」もいました。

そういう人間とつきあううちに、私は軽度の人間不信におちいってしまった――このことは前に述べました。

しかし、そのおかげで人を見る目もずいぶん養われたようです。「こんないい加減な人では偽装倒産もしかねない」とか、「この社長は、いざというときには自分の個人資産まで差しだせる真面目な人物だ」といったように、相手の人間性までだいたい見抜けるようになったのです。

契約書に担保を入れるか入れないかといったペーパー上の契約とは別に、万が一のときの覚悟を腹に据えて事業を営んでいる信用できる人物かどうか。そうした経営者の人間的な誠実さが、日ごろの言動などからほぼ正確に推測できるようになったのです。

こういう「人を見る目」はお金を貸す金融機関にこそつよく求められるものです。なぜなら、銀行などがおこなう融資では、会社にお金を貸すということは、その会社を率いる社長個人にお金を貸すことにひとしいという側面が大きいからです。

つまり、金融機関サイドから見れば、その会社のさまざまな事業データが融資判断に大きな影響を与えるのはたしかなことですが、それ以上に重要な判断基準となるのは、その会社を代表する社長の人間性なのです。

こんな例があります。ある人がある事業で起業を決意し、資金調達の面で地方銀行に相談を持ちかけました。銀行の担当者は起業者の志や考え方には共感をおぼえましたが、銀行員の立場から見ると、融資のハードルは高いといわざるをえない。

それまでに事業の実績はなく、担保も起業者の個人預金と自宅くらいしかなかったからです。

それでも、その銀行員は起業者と相談しながら、売上、支出、収益の見こみ、客あたり単価や商品構成にいたるまでくわしく見積もり、事業計画を精緻に練りあげました。その結果、需要の見とおしに少しの不安を感じながらも、「貸せる」という確信を得、上司からもＯＫの裁量を得たのです。

その判断の最終的な決め手となったのが起業者の人間性でした。この銀行員は起業者にこういったそうです。

「あなたの事業にはとても共感しました。でも、お金を貸すのは事業に対してではなく、あなたという人間に対してです」

つまるところ、銀行は経営者の人間性を見こんでお金を貸す――こう考える銀行マンはじつは少なくありません。その会社がきちんとした会社かどうか、その会社を率いる社長はどういう人間か。会社も査定されるが、経営者も査定されるのです。

ですから、この社長なら信用できる。この社長なら、きっと事業を成功させるだろう。こんな経営者が率いる会社に融資して、事業の発展や成長を応援したい――金融機関からそう思ってもらうことが融資の成否を大きく分ける要素となるのです。

銀行ほどリスクを回避しようとする性向がつよい機関はありません。しかし、そんな彼らがどれだけ厳格に査定してもリスクをゼロにすることはできない。そうしたとき、彼らがもっとも頼りにする指標が「社長の人間性」なのです。

以前であれば、金融機関にとってはなによりも担保が大事で、担保さえあれば、社長の力量や人間性、さらには肝心な事業内容すらも優先順位の低いものでした。会社の将来性など二の次でも、担保さえあれば、取りっぱぐれはない――。

しかし、現在ではこうした担保偏重主義よりも、会社の将来性や社長の人間性に力点を置く金融機関が増えてきています。

低金利時代が長びいて、金融機関の収益も低下を余儀なくされるきびしい状況に置かれて、彼らも成長性の高い、有望な会社にお金を貸すことで利ザヤを稼がなくてはならない必要性に迫られているからです。

つまり、いまの金融機関には、なによりも「もうかる会社」「伸びる会社」を見抜く目利き力が問われている。したがって、その目利きにかなう経営者の人間力こそが銀行を信用させる大きな「担保」となる。いまはそういう時代であるといえます。

トップとナンバー2は補完関係にあるのがベスト

本田宗一郎さんには藤沢武夫さん、盛田昭夫さんには井深大《いぶかまさる》さん、松下幸之助さんには高橋荒太郎《あらたろう》さん。すぐれた経営者には、必ずといっていいほど、すぐれた参謀役や番頭役が欠かせないものです。

経営者とは、ひじょうに孤独な存在でもありますから、経営の相談相手となってくれる人。ある程度、経営者の仕事をまかせられる人。自分の後継者ともなってくれる人。ときにはグチや不満の聞き役にもなってくれる人。そういう信頼できる右腕がほしくなるのです。また、そうしたよきパートナーをそばに置くこと、それも社長の力量のうちです。では、どんなタイプの人間がその「ナンバー2」にふさわしいのでしょうか。

以前、ワンマンで知られたある企業の経営者の右腕として、トップを長年ささえてきた人物と話をする機会がありました。いろいろ話を聞くうちに、その副社長がいわゆるイエスマンの典型のような人であることがわかってきました。

彼が自分の口から語る経営や人の使い方などに関する考え方や手法、それが彼が仕えてきたワンマン経営者の持論のほぼ焼き直しであったからです。

彼はおそらく、トップの命令を忠実に実行することがナンバー2である自分の役割と心得て、独自なことは何もしないできたにちがいありません。もしくは、出しゃばった真似は何もすまいと自分を抑えてきたにちがいない。そう思われるふしが話のあちこちから聞きとれました。

ただ、私はこれを悪口でいっているのではありません。イエスマンもまたナンバー2のひとつのあり方だと思うからです。

その経営者は個性的な人柄と独自の経営哲学でマスコミにも知られた人物で、会社経営に関しては実績もあり、腕力もある人です。そういうトップには、この副社長のようにトップのいうことを異論なく素直に受け入れて、右から左へすばやく実行していく、没個性的なイエスマンが適しているのです。

また、そういう人物をナンバー2として自分のそばに置くことで、トップもまた安心して仕事ができるのでしょうし、自分の力をいかんなく発揮することもできるのでしょう。じっさい、この会社はいまも、この二人のコンビネーションによって堅実に業績を伸ばしつづけています。

それなら、いついかなる場合も、社長の右腕としてイエスマンを選べばうまくいくかといえば、もちろん、そんなことはありません。

たとえば、好人物で組織の調和維持にはたけているが、判断力や決断力にはやや欠ける。そんなトップの下に、「はい、はい」となんでも聞き入れるイエスマン型のナンバー2をつけてしまったら、その会社の先行きはきわめて憂慮すべきものとなるでしょう。

ナンバー2にどういうタイプの人間を選んだらいいかは、トップがどういう人物で、どういうたぐいの能力に秀でているか。そのトップの力量や人間性によって異なってくるのです。

理想的なのは、やはりトップのもたない能力をもっている人。トップの短所を補完するとともに長所を支援してくれる人。そういう「補佐役」をナンバー2に据える方法です。

社長に行動力があって決断も早いのであれば、ナンバー2には慎重居士を選ぶ。そんなふうに二人がたがいに補完関係にあるのがベストといえます。

こういうと、「中小企業に、そんな人材はなかなか見つからないよ」となげく社長さんもいるでしょう。しかし、いまいないのなら、将来に向けて育てなくてはなりません。

能力や適性を見きわめて、これという人物を選び、自分の近くに置いて、自分のどういう部分を補完してほしいのか、そのためには彼のどういう部分を伸ばしていってほしいのか。

そうした点を、よく伝え、指導して、ナンバー2にふさわしい人材として育成していく必要があるのです。それは経営者がなすべき大事な仕事のひとつです。

この補佐役や参謀役をみずから育てられるのは、中小企業の社長の特権であるともいえましょう。人事システムがかっちりと定まっている大企業では、なかなかそうはいかないからです。

私が東レ経営研究所の社長を務めたときにも、人事権は本社にありましたから、自分で補佐役を選ぶことはできませんでした。

そのとき、じっさいにナンバー2として補佐してくれた人物は実力も人間性もよく知っている人間だったので、私としてはやりやすかったのですが、もし本社が決めた人間が能力不足だったり、私とソリがあわなかったりしたら、ずいぶんやりにくかったにちがいありません。

その事情は、ふつうの上司と部下という関係であってもおなじです。若手に有望な人材がいて、彼を手もとに置いて、みっちり育ててみたいと思っても、大企業には昇格にも順番があるので、思うようにはなりません。私もそれで、けっこうじれったい思いをしたものです。

ですから、もし私が人事権も握る中小企業の社長だったら、年齢やキャリアなどに関係なく、「できるやつ」や相応の能力をもった人間を選んで自分のそばに置き、いろいろなことを教え、ハードワークもさせて、彼を補佐役としてはもちろん、自分の後継者としても育ててみたいと思います。

大企業のように、慣習的ななれあい人事や順送り人事でポストを決めていたら、中小企業はそもそも維持できません。当然、社長も務まらないし、補佐役も後継者もしっかり育てることはできないのです。

社長に都合のいい人事でなく、会社の利益となる人事

ついでに、もう少し大企業の悪口をつづけると、大企業の人事の慣習や実態には、つい笑ってしまうような子どもじみたもの、理不尽なものが少なくありません。

たとえば、社長が次期の社長を指名するとき、多くの社長は次期社長に「自分に都合のいい」タイプを選ぶことが多いのです。

口では、「自分にはないすぐれた能力をもった、後継者として申し分ない人材だ」などともっともらしいことをいっていても、それは表向きのことです。内心では、会長にくりあがる自分のいうことを聞いてくれる人間、会長の敷く院政に従順にしたがってくれそうな人間。そんな人物を後釜に据えようとする欲が働いていることが多いのです。

私の知る人事でも、次期社長としてだれからも本命視されていた実力抜群の人間が選ばれず、人あたりとバランス感覚はいいが、少し実行力に欠ける凡庸な人物が選ばれたという例があります。

それには会長となった前社長の思惑がつよく働いていて、彼いわく、「おれが会長になっても好きに腕をふるうためには、人望があって、おとなしいあいつがいいんだよ」。こういうケースが大企業にはしばしば見られるのです。

いうまでもなく、社長のもつ最高権力の蜜の味が忘れられず、会長という名誉職に棚上げされても、それは手放したくない。変わらず権力をふるいたい。そんな欲望が根っこにあってのことです(もちろん、そうでない会長もいるでしょうが)。

副社長の人事もこれに似ていて、副社長には補佐役としてすぐれた人間が選ばれそうなものなのに、やはり社長にとって便利で都合のいい、イエスマンタイプがなることが多い。社長の自分がやりやすいように、アシスタント的な役割をちゃんとこなして、出すぎた真似はしない。たとえば経理畑を長く歩いた人で、専門能力は高いが、社内政治や人事問題などにはうとく、興味もない。そういう人畜無害な人材が副社長としては重宝される傾向がつよいのです。

したがって、副社長がつぎの社長に格上げされるという「順当」な人事は意外なほど少ない。次期社長が平取締役から抜擢されたとか、末席常務から躍進といった例はあっても、副社長の「副」がとれて、晴れて社長になったという例はまず見られません。

にもかかわらず、ときどきカンちがいして、副社長になると「つぎの社長はいよいよオレか」と思う人もいます。しかし、はっきりいって、そう思っているのは本人だけで、まわりはだれもそんなことを考えていないのです。


こんなふうに、大企業の人事は現在のボスの意思がつよく反映されやすいものです。それが公平で、正当なものならいいが、そうでない場合は、恣意的でゆがんだ人事がまかりとおってしまうことになります。

すると、選ばれた人にはトップの器量、力量に満たない力不足の人間が多いので、会社にとっては有益どころか有害ですらある。残念ながら、こういう現実も少なくありません。

また、イエスマンにはそうした不公平な人事の流れに身をまかせられる人が多いから、組織のなかでうまく立ちまわり、出世の階段を上っていくことも可能になります。

しかし、そういう彼らがなしうることは少なく、会社に利益を与えることも少ない。そんな「空洞化した人事」の現実を目にして、なんのための会社の人事かとむなしく思うことが私にもありました。

中小企業でおなじことをやったら、会社はまちがいなくおかしな方向へ進んでしまうでしょう。中小企業こそ、しっかりとした人事をおこない、トップは自分の補佐役や後継者にはそれにふさわしい人物を選ぶ（育てる）ことが大切です。

中小企業には、大企業のようなヘンな慣習やしがらみはありません。それだけにその経営者は自分の都合ではなく、会社全体の利益を考えた人事を断行する必要があるのです。

後継者の不在問題にどう対処したらいいか

つぎの社長をどう選ぶか、どう育てるか。この後継者の問題は大企業よりも、中小企業でずっと深刻でしょう。大企業では、その問題が「あと継ぎをだれにするか」という人選のレベルにとどまりますが、中小企業においては、それが「あと継ぎがいない」という不在に直面する問題だからです。

とくにいま、中小企業の経営者の抱える大きな悩みのひとつはまちがいなく、この後継者の不在、もしくは後継者の不足にあるでしょう。

日本の企業は家族的経営が多く、とりわけ中小企業では息子や娘などの子どもに事業を継承させるケースがほとんどです。わが国は世界にくらべて創業百年、二百年といった老舗企業が圧倒的に多い国ですが、それも、こうした血縁による事業経営・継承に負うところが大きいようです。

たとえば、個人経営でありながら、江戸や明治の時代から連綿とつづく割烹料理店とか和菓子店、酒造会社といった中小の老舗店舗や有名企業では、先祖代々にわたって血族がその事業と技術を引き継いできた例が大半です。

しかし、時代の流れは急で、ここへきて、大資本によるチェーン店舗の地域への浸透や少子高齢化の進展などの影響から、多くの中小企業から後継者のなり手がどんどん消えつつあります。

「頼みの息子は東京でサラリーマンをしていて、店を継ぐ気などぜんぜんない」

「子どもに会社をまかせたいが、その会社が赤字つづきで、もし後を継がせても、父親以上の苦労は目に見えている」

こんな理由から、子どもを後継者にすることを断念する中小企業の経営者が増えているのです。

身近なところでも、繁盛していた近所の中華屋が突然、閉店の知らせを貼りだした。店主に理由を聞いてみると、「息子は街の中華屋なんてやる気がないらしくてね。自分の味をなんとかのこしたいんだけど――まあ、これも時代だ、仕方ない」とさびしそうに笑った。こんな例も全国におそらく山ほどあるにちがいありません。

中小企業の後継者不足はすでに社会的問題にもなっていて、このまま不足による廃業がつづけば、二〇二五年ころまでには、六百五十万人の雇用と二十二兆円ぶんのＧＤＰが失われるという政府の試算もあるそうです。

子どももふくめて後継者が見つからない場合は、残念ながら、思いきって会社を清算するか、会社を売却するしかありません。

苦労して育ててきたかわいい会社を手放すのは、いずれのケースでも身を切られるようにつらいものでしょうが、後者の「会社を売る」方法には、安心してまかせられる企業に吸収合併してもらうとか、子会社にしてもらうといったやり方があります。

子どもはあとを継いでくれない。でも、廃業する気もない。なにより廃業したら、これまで積み上げてきた技術やお客さんとのつながりが無に帰してしまう。それはいかにももったいないし、悔いがのこる。

おそらく、そう考える中小企業のおやじさんたちはたくさんいるでしょうから、私は今後、廃業とならんで「会社を売る」やり方、つまり中小企業のM&Aのケースが大きく増えるのではないかと思っています。

こういうと、「会社の身売りか――」と暗い気持ちになる人もいるかもしれません。しかし、M&Aによる会社の売却もわるいことばかりではないのです。たとえば、ある新聞にこんな記事が紹介されていました。

北陸の地方都市で、本格的なカレー料理店を四十年も営んできたAさんは後継者がおらず、このままいけば廃業するしかないと考えていました。しかし、思わぬところから援軍があらわれたのです。

このカレー店の近くの旅行会社に勤務するBさんはAさんの店のカレーが好きで、二十年近く通いつづける常連客でした。Bさんはカレー好きが高じて、とうとう会社を脱サラし、自分もかつてのAさんとおなじようにカレー店を開いたのです。

一号店を県外にオープンしてから、Bさんはやがてそれを八十店以上も展開するチェーン店に育て上げました。そうして、後継者の不在に悩むAさんの店を受け継ぎたいと申し出たのです。

それも、自分の経営するチェーン店に加えるのではなく、Aさんが長年、築き上げてきたカレーの味を守るために、カレーの味はもちろん、店の名前や従業員もそのまま変えることなく単独店舗として引き継ぐことにしました。

Bさんから申し出を受けたAさんは、やる気のある人が引き継いでくれるなら、よろこんで店をゆずると、このM&Aをこころよく承諾したといいます。

こうした例もありますから、子どもを後継者にできない場合、「よいM&A」の道を模索するほかにも、意欲のある社員を選んで後継者になってもらう、信用できる経営者仲間に会社をまかせるといった方法をとるようにすべきでしょう。

転職支援の会社で、中小企業の事業引き継ぎを支援するサービスをはじめているところもあるようですから、そうした専門組織にM&Aの相談をもちかけてみるのも一法といえます。

子どもに後継をゆずる「世襲人事」は是か非か

中小企業の後継者に関してはもうひとつ、「世襲」の是非という問題もあります。経営者が自分の子どもにあとを継がせることが果たしていいことかどうか——この問題は賛否両論あって意見が分かれるようです。

ビジネスに親子の情をもちこむべきではない、創業者の子どもだからといって成功できるほど経営は甘くない、なにより社員の意欲が低下する。そんな世襲否定説があるいっぽう、それなりの力があるなら子どもでもいい、カエルの子はカエルで素質もあるだろうし、地位が人を育てることもあるといった世襲肯定説もあります。

例に出して申しわけないのですが、某家具販売会社の父親と娘によるお家騒動などを見ているとと、世襲のマイナス面を目のあたりにするような気もします。その半面、一部上場企業のなかにも、子どもが創業経営者の後を継いで父親以上に業績を伸ばしている会社もあります。

したがって、世襲のいいわるいをいちがいに決めることはできません。

もちろん、経営者の子どもが次の社長になることで、「なんだ、やっぱり自分の子どもを優遇するのか」と社員のマインドが動揺したり、モチベーションが低下したりして、社内体制や社員心理に有害になるケースもあるでしょう。

しかし、創業者の血族があとを継ぐことで社内が落ち着き、経営が安定することもあるのです。トヨタなどはそのいい例で、創業一族の豊田章男《とよだあきお》さんがトップにすわることで社内体制が安定し、業績も伸びました。

でも、そのトヨタが将来、ふたたび変革期を迎えたときなどには、かつての奥田碩《ひろし》さんのような「外様」社員が改革の役割を担って創業一族以外から経営者に選ばれる可能性も少なくありません。

つまり、世襲だからダメ、外様だからいいという単純な問題ではないのです。当たりまえのことですが、次代の経営者はそれにふさわしい人物か、その責務に耐えうる能力の持ち主かといった点を重視して決めるべきなのです。それがたまたま経営者の子どもであったのなら、その世襲は順当な人事といえます。

二〇一五年に社長のいすを息子さんにゆずった、通信販売大手のジャパネットたかたの高田明さんも「けっきょく、部下のなかでいちばん優秀だったのが自分の息子だった」という意味のことを新聞に書いていました。それはそれでいいのです。

いいかえれば、経営者は後継者選びに私情を入れてはならないということです。後継者を選べる立場にいる経営者ほど、それが自分の子どもであるなしにかかわらず、彼・彼女の能力、器量、人間性を客観的に見て、冷静な判断を下すべきなのです。

ユニクロも最近、柳井正さんの長男と次男を取締役に昇格させる人事を発表しました。これについて、柳井さんは創業家として企業ガバナンスを強化するためで、「息子たちが経営者になるということではない」とコメントしたようです。

柳井さん自身、お父上から社長の座を引き継いだ、いわば世襲人事の産物で、父親の代には地方の一中小企業だった商事会社を世界的な大企業にまで育てた人です。たんなる世襲なら、そんなことは不可能なはずです。

ですから、この事実も、子どもがきわめて優秀な（先代を超えるような）あと継ぎであるケースがけっして少なくない——そのことをよく示している例といえます。

社長は自分の「辞めどき」を決めておけ

さて、つぎの世代に事業をゆずると、そのあとにやってくるのは経営者の引退の問題です。組織のトップはいつ、その地位から身を退くべきか。その「社長の辞めどき」を最後に考えてみましょう。

大企業の場合、社長の任期はだいたい決まっていて、一期二年か二期四年くらい務めるのが一般的になっているようです。しかし、これはいかにも短すぎる気がします。

経営者が独自の政策を立案、実行し、ある程度の成果を得る期間としては、「長くても四年」では絶対的に時間が足りないし、任期が短いと、社長は当然、短期的な成果を求めて活動するようになり、長期的な戦略を描くことがむずかしくなるというデメリットも生じるからです。

ケースによって異なるでしょうが、やはりひとりの経営者につき、その倍の八年くらいの任期が必要ではないでしょうか。ちなみに、東レは八年から十年くらいで社長が交代するのが慣例となっていました。

なかには、びっくりするような長期政権をつづけている会社もあって、創業者社長が九十歳近くなっても社長の座を守っているとか、会長として隠然たる力をもちつづけているといった例もあります。

しかし、これを老害と決めつけるのはやはり短慮で、経営というのはけっきょくのところ結果論ですから、世襲の問題とおなじく、老社長や長期政権であっても、それで変わらず業績が上がっているのなら、それもひとつの正しい方法と考えるべきなのです。

もちろん長期政権の弊害が大きいことはちゃんと心得ておかなくてはなりません。権力というのは必ず腐敗するものですし、おなじ人間が長く権力を握っていると、いろいろな意味での「停滞」が社内に起こってきます。

たとえば、ひとりの社長が度を超えて長すぎる任期を務めることは、社内最大の人事の停滞にほかならず、これも世襲のときと同様、社内にモラルダウンを引き起こし、組織維持の不安定要因ともなりかねません。

最近も、ある大手企業の社長が、それまでの四年の任期を延長できるよう、自分の代で規定を変えたという例がありました。

その社長はだれもが認める実力者であり、多くの人が任期を延ばしたほうが会社にとって有益だと考えていたようですが、それでもそれを「自分の手」でおこなった、その点に関しては社内に心理的なさざ波が立つのは避けられないでしょう。はっきりいえば、つぎの社長の座をねらっていた人にとっては、まったく面白くないにちがいありません。

そうかと思えば、自分で創業した会社でありながら、やるべきことをやった時点でトップの座はさっさと後任にゆずり、自分は一線から引いて悠々自適に暮らす、趣味の世界に生きる。こういういさぎよいケースもあります。

世界の歴史に造詣の深い出口治明さんなどはこのクチで、自分で起こしたインターネットの生命保険会社を後継者に託したのちは、新興の大学の学長に就任しています。見習うべきは、こちらの水ぎわ立った出処進退のほうでしょう。

中小企業の社長は、自分の任期を自分で決められる立場にある人が多いはずです。ですから、大企業のような「任期が短すぎる」という問題には無関係かもしれません。

しかし、それだけに「やりたいだけやる」「やれるうちはいつまでもやる」という気持ちになりやすく、その結果、知らずしらずのうちに社長自身が長期政権の「毒」を社内にふりまいているということにもなりかねません。

人間の欲はかぎりがなく、自分ではコントロールのむずかしいものです。それこそ自分で任期を延ばしたり、会長になって院政を敷いたりして、そうかんたんには社長という権力のうまみは手放さないぞ——そんな気持ちになりがちなのは、大企業だけでなく、中小企業の社長でもおなじでしょう。

また、事業がうまくいっているうちは、つづける理由はあっても、辞める理由はどこにもないと考え、もっとつづければ、もっとうまくいくだろうと思う。逆に、事業がうまくいっていない場合でも、「もう少しやれば、きっとうまくいくだろう」と思う。

どっちにしても、社長は社長をつづけたがるのです。けれども、何ごともはじめるよりも辞めることのほうがむずかしいもので、そうこうするうちに、事業の損失が大きくなり、社長を辞めたくても辞められない状況に追いこまれてしまうこともあります。

つまり、辞めどきがむずかしいのは、中小企業の社長にもついてまわる、最後の大きな問題なのです。「もういい加減に辞めたらどうか」とは周囲もいいにくいでしょうから、それは自分で律するべきこと。社長の辞めどきは社長がみずから決めるほかないのです。

その辞めどきを考える場合、会社や自分がどういう状態になったら辞めるという基準を決めておく方法はどうでしょう。

赤字が五期つづいたら事業の撤退を考える。自己資金にまで手をつけざるをえなくなったら会社をたたむ。仕事の半分以上をまかせられるようになった時点で社長の座は息子にゆずる。意欲や活力よりもおっくうさや疲労が先立つようになったらトップの仕事を後継者にまかせる。

そんなふうに自分なりの基準をあらかじめ決めておき、それに抵触したら、それが辞めどきだと判断する。そんな方法です。

朝鮮半島に「花に十日の紅なし、権は十年久しからず」という古いことばがあります。きれいな花もやがて色あせるように、強大な権力がいつまでもつづくことはありません。

創業者であれば、自分が生んで育てて、大きくした会社は自分の子のようにかわいいもの、大事なものです。しかし、そのわが子かわいさが余って欲となり執着となって、辞めどきを見失うことにもなります。

また、どれほどすぐれた経営者であっても、その権力の座に長く居すわれば、会社に与える益よりも害のほうが大きくなるときがやってきます。その益と害の均衡点がすなわち社長の辞めどきかもしれません。

経営者もまた自身の「終活」を視野に入れておくこと。それも会社を率いる人間の大切な役割なのです。

終わりよければ、すべてよしです。退《ひ》けどきをまちがえず、後任に気持ちよくあとを託す。人生と同様、事業においても、そんな幸せなリタイアを目指したいものです。

おわりに

この本では、私自身が考える、「あるべき社長像」なるものを自分流にスケッチしてみました。読み直してみると、ずいぶん偉そうなことをいったものだと思われる個所もあれば、実行がむずかしいことをさらりと書いているなというところもあります。

言うは易く、行うは難し。ここに書いたとおりに実践できるのであれば、経営に苦労などない――そのことは書いた本人がいちばんよく承知しているつもりです。

にもかかわらず、私自身はいまでも、「どうせ仕事をするのなら、『社長という職業』を選びたい」と考えています。なぜなら、社長業ほど苦しくも、やりがいとおもしろさを味わえる仕事はないと思うからです。

稲盛和夫さんは京セラを創業してすぐに、「なんで、こんなたいへんなことをはじめてしまったんだろう」とつよい後悔の念にとらわれたそうです。社員はもちろん、その家族の生活までもがすべて社長である自分の肩にかかっている。「この先ずっと、彼らを食べさせていけるだろうか」。その重圧と不安に会社などはじめるんじゃなかった、いまからでも社長の立場を返上したいという思いにかられたといいます。

しかし、それから何十年かがたって、稲盛さんがいまもそう思っているかといえば、そんなことはないでしょう。

起こした会社を現在のような隆盛にみちびくまでには、ことばに尽くせぬ辛苦をなめたでしょうが、同時に、それを上まわる物心両面での大きな実りも得たはずで、「やっぱり会社をやってきてよかった」「社長業をつづけてきて正解だった」というようなたしかな手ごたえが充実感とともに稲盛さんの人生に深く刻まれているにちがいありません。

社長という仕事が、なぜ、多くのやりがいやおもしろさをもたらしてくれるのか。その理由には大きく二つあるように思えます。

ひとつは、会社を活かすも殺すも自分しだいで、自分の考え方ややり方、自分の努力や工夫でその成否がはっきりと決まるという点。成功と失敗、いずれのカギも社長が握っているのですから、責任も大きい半面、やりがいもおもしろさも半端ではありません。一国一城のあるじであることの醍醐味はサラリーマンには味わえないものでしょう。

もちろん、会社の仕事をなんでもかんでも社長ひとりがこなしているわけではありません。そこにはともに働く社員もいますし、お客様や金融機関など、会社に関係する人たちの助けや支えがあります。つまり、仲間と苦楽をともにする楽しみも社長業にはあるのです。

もうひとつ、社長業の醍醐味はお客様によろこびを提供するとともに、社員の幸せにも貢献できる点です。すなわち、働くことを通じて他人の幸福に関与できる。この利他的な行為がもたらすやりがいや充実感もまた、会社組織を率いるトップにおいてより大きなものとなるでしょう。

どんな場合でも、仕事を誠実に遂行するのはやさしい道ではありませんが、「苦難は幸せへの一里塚」で、苦労が報われたときに手にする幸福の果実もまた大きいものです。そこに相応の経済的報酬も加わるのであれば、その果実はより甘いものとなるでしょう。

労働は苦い根と甘い実をもっているといいますが、このことを社長業ほどつよく感じさせてくれる仕事はないのです。

人は何のために生き、何のために働いているのか。それは「自分を成長させる」ためであり、「何かに貢献する」ためであると私は考えています。

経営者にとってみれば、自分を成長させるとは、経営のスキルを向上させることを通じて自分の人間性を磨くことです。何かに貢献するとは、お客様をよろこばせ、社員を幸せにし、社会に尽くすことにほかなりません。

そうした営みを地道に積み重ねることによって、人からの信頼を得、また報酬も得て、経営者というのは自分の幸せを構築していく存在なのでしょう。

もし、回り道をしたり寄り道をしながらも、結局、自分の幸せの実現のために生きているのが人間というものであるのなら、社長の仕事というのは案外、その実現のための最短コースといえるのかもしれません。

本書の刊行に際しては、ワニブックスの内田克弥さんとライターの大隅光彦さんに企画の段階からお世話になりました。心から感謝します。

佐々木常夫（ささき つねお）

1944年、秋田市生まれ。株式会社佐々木常夫マネージメント・リサーチ代表取締役。69年、東京大学経済学部卒業後、東レ株式会社に入社。自閉症の長男を含め3人の子どもを持つ。しばしば問題を起こす長男の世話、加えて肝臓病とうつ病を患った妻を抱え多難な家庭生活を送る。一方、会社では大阪・東京と6度の転勤、破たん会社の再建やさまざまな事業改革に多忙を極めたが、家庭と仕事の両立を図るために、「最短距離」で「最大の成果」を生み出す仕事術を創り上げるとともに、部下をまとめ上げるマネジメント力を磨き上げた。2001年、同期トップ(事務系)で東レ株式会社の取締役に就任。03年より東レ経営研究所社長、10年に同研究所特別顧問となる。内閣府の男女共同参画会議議員、大阪大学客員教授などの公職も歴任。何度かの事業改革の実行や3代の社長に仕えた経験から独特の経営観をもち、現在経営者育成のプログラムの講師などを務める。著書に『働く君に贈る25の言葉』『そうか、君は課長になったのか。』（ともに、WAVE出版）、『リーダーの教養』（ポプラ社）、『決定版 上司の心得』（角川新書）など多数。

会社をつぶさず成長をつづける

社長の流儀

著者　佐々木常夫

2019年4月10日　初版発行

構　成	大隅光彦
装　丁	Boogie Design
校　正	玄冬書林
編　集	内田克弥（ワニブックス）
発行者	横内正昭
編集人	内田克弥
発行所	株式会社ワニブックス 〒150-8482 東京都渋谷区恵比寿4-4-9 えびす大黒ビル 電話　03-5449-2711（代表）　03-5449-2734（編集部） ワニブックスHP　http://www.wani.co.jp/ WANI BOOKOUT　http://www.wanibookout.com/
印刷所	株式会社美松堂
製本所	ナショナル製本

定価はカバーに表示してあります。落丁本・乱丁本は小社管理部宛にお送りください。送料は小社負担にてお取替えいたします。ただし、古書店等で購入したものに関してはお取替えできません。本書の一部、または全部を無断で複写・複製・転載・公衆送信することは法律で認められた範囲を除いて禁じられています。

©佐々木常夫2019 ISBN978-4-8470-9775-1